汽车配件图解手册

瑞佩尔 主编

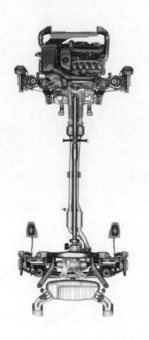

U0319553

化学工业出版社

·北京·

内 容 简 介

本书用彩色图解的形式，系统地介绍了汽车配件行业、汽车配件本身以及汽车配件销售业务等多方面的知识。主要包括配件的名称、编号组成与含义、作用、结构形式、安装部位、组成零件、零件间的装配关系、制造材料、配件打包、配件运输、配件存储、配件销售流程等方面的专业知识。由于新能源汽车保有量越来越大，本书专门有一章内容介绍新能源汽车的配件。

本书在汽车部件结构分解中对各零部件采用中英双语标注，便于外贸工作人员与欲转向外贸业务的国内汽车配件销售人员熟悉汽车配件的中英文名称。

为了便于读者更轻松地了解汽车各系统的组成或结构的功能，本书在相应节点插入了动画视频，动态演示部件分解与系统组成及功能应用。

本书适合汽车配件研发、生产、销售，汽车维修，汽车评估与鉴定，汽车保险与理赔，以及汽车行业各层次人员使用，可作为相关从业人员的培训用书，并可作为高职高专、中职、技校等汽车专业学生的辅助教材。

图书在版编目（CIP）数据

汽车配件图解手册 / 瑞佩尔主编. —北京：化学工业出版社，2022.1
（2023.12 重印）

ISBN 978-7-122-40101-4

Ⅰ.①汽⋯　Ⅱ.①瑞⋯　Ⅲ.①汽车 - 配件 - 图解　Ⅳ.① U463-64

中国版本图书馆 CIP 数据核字（2021）第 210719 号

责任编辑：周　红　　　　　　　文字编辑：王　硕
责任校对：王鹏飞　　　　　　　装帧设计：王晓宇

出版发行：化学工业出版社（北京市东城区青年湖南街13号　邮政编码100011）
印　　装：天津市银博印刷集团有限公司
787mm×1092mm　1/16　印张12¾　字数300千字　2023年12月北京第1版第3次印刷

购书咨询：010-64518888　　　　　售后服务：010-64518899
网　　址：http://www.cip.com.cn
凡购买本书，如有缺损质量问题，本社销售中心负责调换。

定　　价：99.00元　　　　　　　　　　　　　　版权所有　违者必究

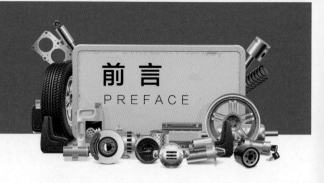

前　言
PREFACE

　　汽车配件/零部件行业为汽车整车制造、售后维修行业提供相应的配件/零部件产品，包括各种机械零件、电子部件等，是汽车工业发展的基础，是汽车产业链的重要组成部分。随着经济全球化的发展以及汽车产业专业化水平的提高，汽车配件/零部件行业在汽车产业中的地位越来越重要。

　　随着各大汽车公司生产经营由传统的纵向一体化、追求大而全的生产模式逐步转向精简机构，以开发整车项目为主的专业化生产模式，整车制造公司大幅降低了零部件自制率，与外部零部件制造企业建立了配套供应关系，形成了专业化分工协作的模式，这极大地推动了汽车配件/零部件行业的市场发展。

　　经过长期的发展和整合，成熟的汽车配件/零部件市场具有产业集中的特点。国际知名的汽车零部件企业主要集中在北美、欧洲及日本，包括德国的博世（Bosch）和大陆（Continental）、日本的电装（Denso）、加拿大的麦格纳（Magna International）、美国的德尔福（Delphi）等。这些企业规模大、技术力量雄厚、资本实力充足，能够引导世界零部件行业的发展方向。

　　汽车配件/零部件制造企业通常围绕整车厂商而建，形成了大规模的产业集群。近年来，吉林长春、湖北十堰、安徽芜湖、广东花都、京津冀环渤海、江苏扬州等汽车零部件产业基地迅速崛起，我国已逐步形成了六大产业集群，包括：以上海市、江苏省和浙江省为核心的长三角产业集群，以重庆市、四川省为核心的西南产业集群，以广东省为核心的珠三角产业集群，以吉林省、辽宁省和黑龙江省为核心的东北产业集群，以湖北省、湖南省、安徽省为核心的中部产业集群，以北京市、天津市和河北省为核心的环渤海产业集群。

　　根据欧美等成熟汽车市场经验，汽车行业整车与零部件规模比例约为1：1.7。目前我国汽车行业整车与零部件规模比例较成熟汽车市场有一定的差距，我国汽车配件/零部件行业仍有较大的潜在市场空间。

　　汽车维修是汽车维护和修理的泛称，指对出现故障的汽车通过技术手段排查，找出故障原因，采取一定措施排除故障并达到一定的性能和安全标准。汽车维护需要用到大量的耗材，如润滑油液、滤清器、轮胎、传动带、火花塞等；而事故车辆的修理则经常需要更换易损的钣金饰件，如前后保险杠、车门侧围饰件等，其他功能性故障则须更换对应机构的功能（机械或电子）部件。可以说，没有配件就没有维修，对型、及时、到位、优质的配件是保证高效维修工作的前提。

如 4S 店的运营模式，维修与配件业务是一体的，很多汽车维修企业在提供维修服务的同时也经营配件销售，这就是所谓的"修配行"，是包括了零配件（spare parts）、售后服务（service）两项服务的 2S 模式。

作为一个专业的汽车售后从业人员，往往需要具备专业的汽车知识。而一些初学、入门的读者朋友，往往来自行业各个方面：有的虽有销售业务专长，但对汽车、对汽车上的零部件不熟悉；有的虽对汽车配件很熟悉，但又缺少汽车配件销售方面的经验；有的是做汽车配件外贸的朋友，英语很专业，却对汽车配件不熟悉；有的是做汽车维修工作的师傅，对汽车很熟悉，而对汽车配件行业及业务又不太在行……诸如此类的问题，不一而足。

为了解决以上问题，我们特地编写了这本汽车配件图解手册，用彩色图解的形式，系统地介绍汽车配件行业、汽车配件本身，以及汽车配件销售业务等多个方面的知识。本书主要包括配件的名称、编号组成与含义、作用、结构形式、安装部位、组成零件、零件间的装配关系、制造材料、配件打包、配件运输、配件存储、配件销售流程等方面的专业知识。

本书在汽车部件结构分解中对各零部件采用中英双语标注，便于外贸工作人员与欲转向外贸业务的国内汽车配件销售人员对应熟悉汽车配件的中英文名称。

近年来电动汽车强势兴起，市场悄然扩大，对电动汽车部件及混合动力汽车新能源系统部件的了解也是势在必行。为此，相对于其他配件知识手册在这一点上的不足，本书补充了"汽车新能源系统"一章。

同时，为了便于读者更轻松地了解汽车各系统的组成、结构的功能，本书在相应节点插入了动画视频，动态演示了部件分解与系统组成及功能应用。

本书适合汽车配件研发、生产、销售，汽车维修，汽车评估与鉴定，汽车保险与理赔，以及汽车行业各层次人员使用，可作为相关从业人员的培训用书，并可作为高职高专、中职、技校等汽车专业学生的辅助教材。

本书由瑞佩尔主编，此外参加编写的人员还有朱如盛、周金洪、刘滨、陈棋、孙丽佳、周方、彭斌、王坤、章军旗、满亚林、彭启凤、李丽娟、徐银泉。在编写过程中，参考了大量国内外相关文献，在此，谨向这些文献的原创者们表示由衷的感谢！

本书资料、数据繁多，虽经数度编删修改，囿于笔者水平，书中的疏漏恐难以避免，恳请广大读者朋友不吝指正，以使再版时可以更加完善。

编者

001 第1章
汽车配件概述

051 第2章
汽车发动机总成

159 第7章

车身与内外饰件

169 第8章

汽车配件仓储管理

177　第9章

汽车配件销售

第1章 汽车配件概述

1.1 汽车配件分类

一辆汽车（乘用车）由大约5000种配件组成。那么什么是汽车配件呢？构成汽车整体的各单元及服务于汽车的产品统称为汽车配件。在汽车制造、维修与配件经营业内，通常将汽车零配件、汽车标准件和汽车材料三种类型的产品统称为汽车配件。

1.1.1 按配件损坏与更换频率分类

（1）保养备件

汽车保养是指定期进行汽车相关部分的检查、清扫、补给、润滑、调整、更换的预防性工作，保持良好的车况和车容整洁，降低汽车零部件问题引起的交通事故的发生概率。现代汽车保养分为小保养和大保养：小保养包括更换机油和机油过滤器；大保养一般为更换机油和机油滤芯、空气滤芯、汽油滤芯的常规保养。此外，通过对汽车进行全面检查，根据车辆的情况，可能还需要更换其他易损消耗件。根据保养所需，按汽车行驶时间或里程需要更换的油液类型及易损件见表1-1、表1-2。

表 1-1　汽车保养用油液

类型	机油	刹车液	动力转向油
更换周期	1. 矿物质机油。时间周期：6个月。里程周期：5000km 2. 合成机油。时间周期：8个月。里程周期：8000～10000km 时间与里程以先到为准	时间周期：2年。里程周期：60000km 受环境湿度影响大	时间周期：3年。里程周期：100000km 可长期使用，主要以时间为准

类型	机油	刹车液	动力转向油
图示			

类型	防冻液	变速箱油	差速器油
更换周期	时间周期：2 年。 里程周期：40000km 主要以时间为准	1. 手动变速箱油。时间周期：5 年。里程周期：100000km 2. 自动变速箱油。时间周期：3 年。里程周期：60000km 时间与里程以先到为准	60000km 或 3 年
图示			

表 1-2　汽车保养用消耗品

类型	机油滤清器	空气滤清器	燃油滤清器
更换周期	机油滤清器应在行驶 5000km 后与机油同时进行更换	空气滤清器最好每 5000km 清洁一次，用气泵吹净即可，不要用液体洗。空气滤清器每 10000km 需要更换一次	由于燃油滤清器是一次性使用，每隔 10000km 需进行更换
图示			

类型	空调滤清器	自动变速器油滤清器	雨刮片
更换周期	10000km时检查 空调滤清器要定期更换。当使用空调时有异味产生或从出风口吹出大量灰尘时就要进行清洁保养或更换	长寿命或免维护的变速器没有量油尺装置，其正常维护更换周期可达160000km。但是在恶劣行驶环境下，滤清器保守维护更换周期要相应缩短，一般为80000km	雨刮片最好一年更换一次。日常使用中应避免"干刮"，这样很容易损伤雨刮片，严重时会造成汽车玻璃的损伤。洗车时应同时清洁雨刮片
图示			

类型	刹车片	电瓶（蓄电池）	轮胎
更换周期	刹车片的厚度不到0.6cm时就必须更换。正常行驶的情况下，每30000km更换一次刹车片	60000km 通常在2年左右视情况检查更换电瓶。平时在车辆熄火时，应尽量少使用车辆的电气设备，防止电瓶亏电	正常：50000～80000km。轮胎侧面若出现裂纹，即使没有达到规定行驶里程，为安全起见，也要更换。当胎纹深度低于1.6mm，或者胎纹已经达到磨损指示标记时，必须更换
图示			

类型	正时带	火花塞	减振器
更换周期	正时带的保养周期通常从两个方面进行要求，比如3年或80000km，以先到者为准。因为带是含橡胶的零部件，即使汽车长期放置不开，带也会缓慢老化	火花塞每30000km需更换一次。选择火花塞时，先确定对应车型所使用的型号、热度等级	100000km 减振器漏油是减振器损坏的先兆。另外，在坏路面上行驶时颠簸明显加剧或制动距离变长也是减振器损坏的征兆
图示			

（2）易损部件

易损件可分为两大类，一类是消耗型易损件，一类是事故型易损件。

消耗型易损件主要在车辆保养与维护中使用，如前文提到的三滤（机油滤清器、空气滤清器、燃油滤清器），各种油液与火花塞、轮胎、蓄电池等。

事故型易损件主要位于车辆前脸和尾部，也就是保险杠、前后照明灯、翼子板、前杠骨架、后杠，主要看事故车的撞击部位和撞击程度。前保险杠部件如图1-1所示。

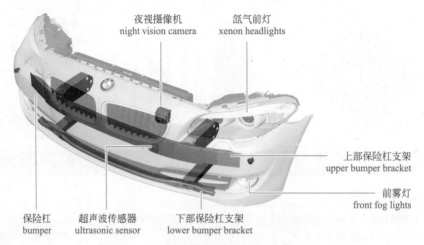

图1-1　汽车前保险杠与车灯（宝马530Le）

1.1.2　按汽车配件来源分类

汽车配件从生产来源上看主要有以下几种类型。

原厂件：由为整车厂配套的OEM（original equipment manufacturer，原厂装备制造商）厂生产且从整车厂售后部门统一供货到各4S店的配件，一般都印有整车厂的标识，如图1-2所示。此类配件原则上只在厂家授权的服务站流通，不允许在市场上流通。

正厂件：通过非官方渠道采购，品质与原厂配件无异的配件。此类配件在流通市场上质量最好，品质最优。它与原厂件比较，只是流通渠道不同，而配件的制造商与品质完全一样。

OEM件：具有汽车生产厂配套资格的OEM厂，生产设计能力超过供应OEM原厂件的需要，因此会生产一部分有本公司产品标识的零配件，是汽车市场流通件，即所谓的"专业厂件"或"配套厂件"。

图1-2　原厂配件（大众空气滤清器）

副厂件：通过专业生产汽车配件企业采购，但该企业尚未获得厂家的配套许可。此类配件有自己的品牌，质量有一定保障。市场维修中，此类配件使用较多。副厂件与OEM件的区别在于配件厂商是否得到汽车厂家OEM授权。比较知名的汽车配件供应厂商如图1-3、图1-4所示。

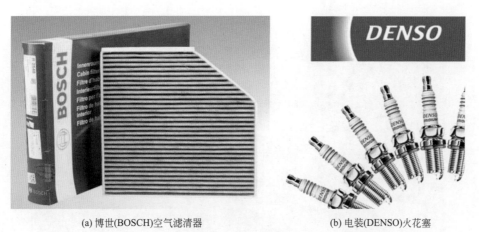

(a) 博世(BOSCH)空气滤清器   (b) 电装(DENSO)火花塞

图 1-3　品牌汽车配件

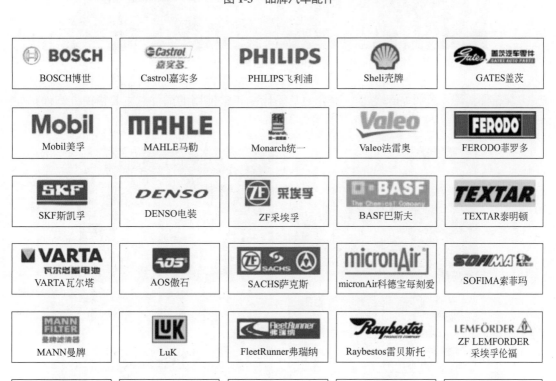

图 1-4　汽车配件品牌

仿制件：非整车厂、OEM 配套厂生产的产品，价格低廉，产品质量参差不齐。

假冒件：有些配件商品在制造或销售时冒用、伪造他人商标及包装等，这些被称为假冒件。

拆车件：该类配件主要取自严重事故车、报废车辆上未损坏的原厂配件，如图 1-5 所示。一般都是原厂装配的配件，因车辆保有量极少或配件已经停产等因素制约而存在。

图1-5　报废车辆与拆解部件

　　翻新件：原厂配件局部磨损，经修复后不影响正常使用的配件。主要指内外饰件，如仪表台翻新件，见图1-6。

图1-6　仪表台翻新件

　　通用件：由非该品牌的OEM配套厂或其他独立零部件生产厂生产的可以供多种车型使用的配件（如机油、轮胎、通用型的紧固件等）。

1.1.3　按汽车配件大小分类

　　按汽车配件的大小、结构与功能的完整性，可以将汽车配件分为零件、合件、组件、总成件及车身覆盖件。

零件：汽车的基本制造单元，它是不可再拆卸的个体。如活塞、活塞环、气门、气门弹簧等，如图1-7所示。

合件：由两个或两个以上的零件组装而成，起着单个零件作用的组合件。如带盖的连杆、成对的轴瓦、带气门导管的缸盖等。

组件：由几个零件或合件组装，但不能完成某一机构作用的组合体。如变速器盖、发动机转向连接器。此类配件也被称作"半总成件"。

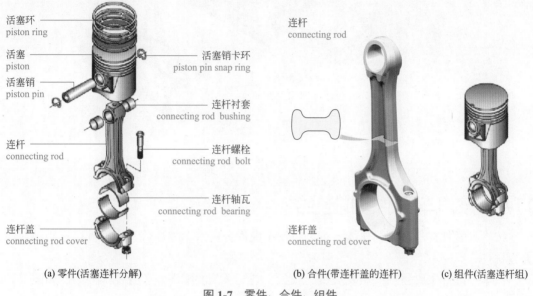

(a) 零件(活塞连杆分解)   (b) 合件(带连杆盖的连杆)   (c) 组件(活塞连杆组)

图1-7　零件、合件、组件

总成件：由若干零件、组件组装，能单独起着某一机构的作用。如发动机总成、变速器总成、转向器总成等，如图1-8所示。

(a) 发动机总成(丰田8AR-FTS)   (b) 变速器总成(大众0GC)

图1-8　总成件

车身覆盖件：由板材冲压、焊接成形并覆盖汽车车身的零件，如发动机罩、翼子板等，如图1-9所示。

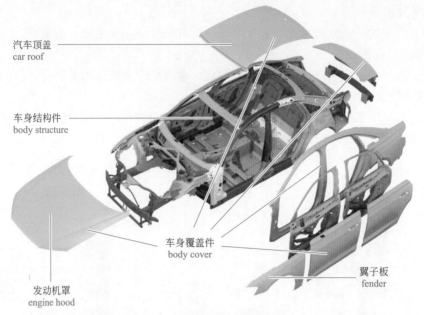

汽车顶盖
car roof

车身结构件
body structure

车身覆盖件
body cover

翼子板
fender

发动机罩
engine hood

图 1-9　车身覆盖件（奥迪 A8L）

1.1.4　按汽车配件功能分类

按汽车配件在汽车上的功能，可以将汽车配件分为汽车零部件、标准件、运用材料与美容材料。

汽车零部件主要包括汽车发动机、底盘、电气系统的配件、车身及附件等，如图 1-10 所示。

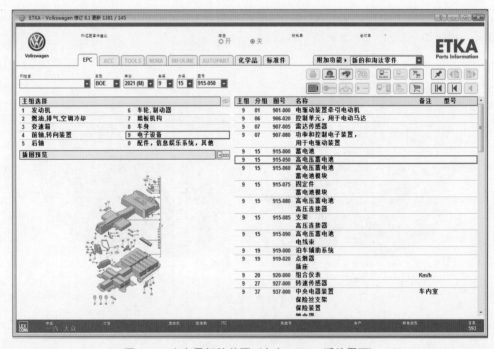

图 1-10　汽车零部件范围（大众 ETKA 系统界面）

汽车标准件指适用于汽车行业的标准件，具有互换性，如保险丝、轴承、螺栓、垫圈、键、销等，如图1-11所示。

图1-11　汽车标准件范围（大众ETKA系统界面）

汽车运用材料，如各种燃料、润滑油料（如机油、差速器油、自动变速器油等），各种溶液（如制动液、冷却液等），如图1-12所示。

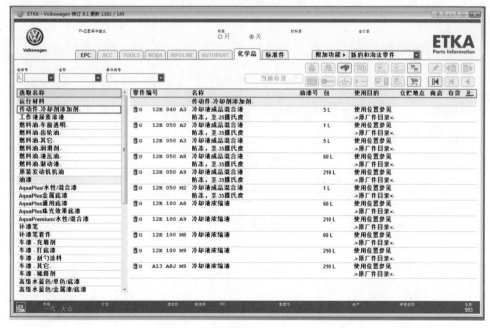

图1-12　汽车运用材料范围（大众ETKA系统界面）

汽车美容材料主要指汽车内、外装饰用品，如车身保护蜡、坐垫套、脚垫、挂件、香水、玻璃贴膜等，如图 1-13 所示。

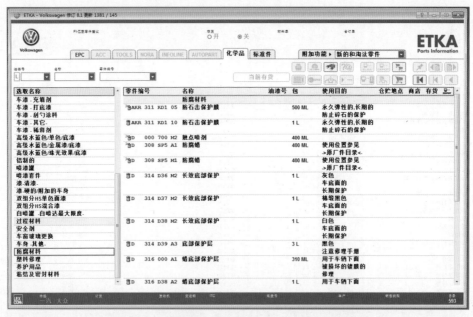

图 1-13　汽车美容材料范围（大众 ETKA 系统界面）

1.1.5　按汽车配件结构分类

按汽车配件所处位置及总成归属，可以将汽车配件分为发动机配件、底盘配件、电气系统配件、车身配件。分解为总成的汽车部件如图 1-14 所示，完全分解为零配件的全车件如图 1-15 所示。

图 1-14　分解为总成的全车件概览

图 1-15　完全分解为零配件的全车件概览

　　发动机为汽车的核心总成，是整车的"心脏"。发动机配件是整车配件中最为繁杂的，汽车上常用的发动机有汽油发动机（如图 1-16 所示）、柴油发动机（如图 1-17 所示）、燃气发动机。新能源汽车由电力驱动，纯电车型不需发动机，由电机驱动，插电混合动力或油电混合动力车型则由发动机与驱动电机组合驱动输出动力。

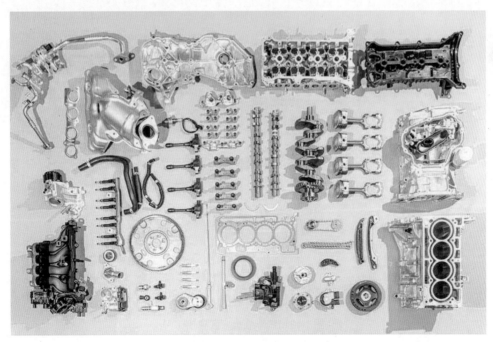

图 1-16　汽油发动机配件概览（四缸直列发动机）

图 1-17　柴油发动机配件概览（六缸 V 形发动机）

　　汽车底盘由传动系统、行驶系统、转向系统和制动系统四部分组成。底盘作用是支承、安装汽车发动机及其各部件、总成，形成汽车的整体造型，并接受发动机的动力，使汽车产生运动，保证正常行驶。传动系统一般由离合器、变速器、万向传动装置、主减速器、差速器和半轴等组成。行驶系统由汽车的车架、车桥、车轮和悬架等组成。转向系统一般由转向机、转向柱和转向盘等部件组成。制动系统一般由制动操纵机构和制动器两个主要部分组成。底盘形态如图 1-18 所示。

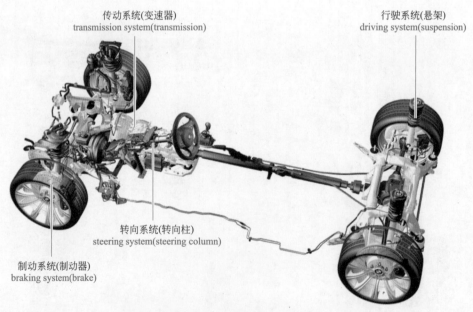

传动系统(变速器)
transmission system(transmission)

行驶系统(悬架)
driving system(suspension)

转向系统(转向柱)
steering system(steering column)

制动系统(制动器)
braking system(brake)

图 1-18　汽车底盘（宝马 M5）

　　汽车电气系统配件：汽车车身电气系统由蓄电池，各种电动装置（如雨刮器、洗涤器、电动门锁、电动车窗、电动天窗、电动后视镜、电动座椅），各种电热装置（如点烟器、除霜器、座椅加热、后视镜加热），各种电声装置（如喇叭、音响、行人警示器），组合仪表、开关，照明系统各种灯光设备，空调系统与安全气囊系统，以及各种车身电控系统组成。汽车电气部件分布如图 1-19 所示。

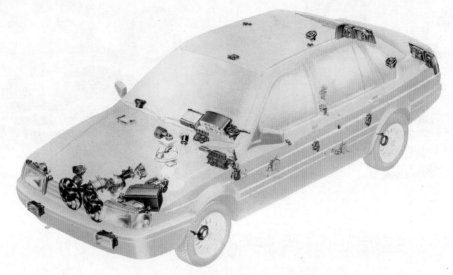

图 1-19　汽车电气部件（大众桑塔纳）

汽车车身配件：汽车车身由白车身及内外饰件组成，如图 1-20、图 1-21 所示。白车身主要由各种不同硬度的金属材料制成，而内外饰件则主要为塑料件，其覆盖在白车身内外起保护和装饰作用。

不同的颜色代表不同的材料

- 铝板
- 铸铝
- 铝型材
- 热成型钢
- 冷成型钢

图 1-20　汽车白车身

图1-21 汽车内外饰件

1.2 汽车编码与汽车配件编码

1.2.1 汽车编码规则

(1) 汽车VIN（底盘/车架号）编码

车辆识别代号（VIN）是制造厂为了识别而给一辆车指定的一组字码，由十七位字码组成，包括三个部分（见图1-22）：第一部分为世界制造厂识别代号（WMI）；第二部分为车辆说明部分（VDS）；第三部分为车辆指示部分（VIS）。在配件或维修等汽车行业，十七位VIN码俗称底盘号或车架号。

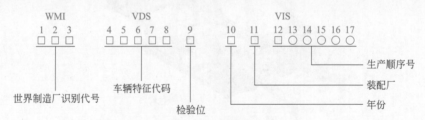

图1-22 VIN编码组成
□—大写英文字母（I、O、Q不能使用）或数字；○—数字

世界制造厂识别代号（WMI）：VIN代号的第一部分，用以标示车辆的制造厂，由三位字码组成。如一汽大众的WMI代号为LFV，上汽大众为LSV。

车辆说明部分（VDS）：VIN代号的第二部分，它提供说明车辆一般特征的资料，由六位字码组成。一汽大众公司VDS部分：第一位字母表示车辆的发动机排量或电机峰值功率，第二位字母表示车身类型，第三位字码表示动力系统类型，第四位数字和第五位字母表示车型代码，最后一位为检验位。

车辆指示部分（VIS）：VIN代号的最后部分，是制造厂为了区别不同车辆而指定的一组字码，共有八位字码。其中：第一位表示生产年份，第二位数字表示生产车辆的装配厂，最后六位数字为生产顺序号。

以一汽 - 大众品牌车型为例，VIN 编码解读的具体示例如图 1-23 所示。

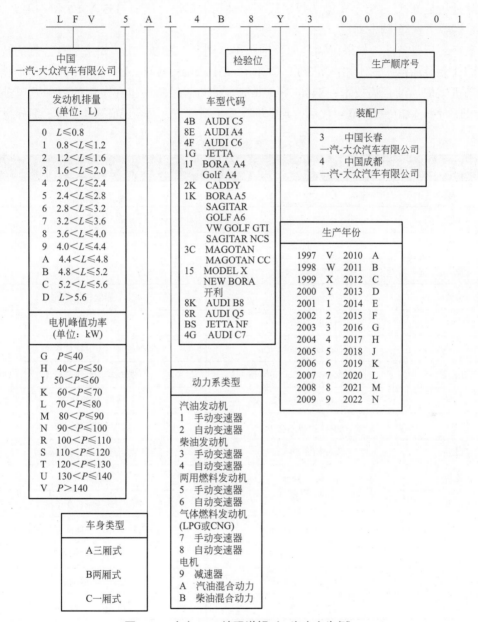

图 1-23　大众 VIN 编码详解（一汽大众为例）

（2）汽车车型编码

此处，以奔驰车型为例。自 1993 年起，奔驰的乘用车系列陆续采用了新的前字母后数字的命名规则。

按照"车型级别→排量→备注"的逻辑顺序做了调整。头字母一般是一到三个，表示产品系列，比如 S、SL、SLK 等。紧接着的三位数依然延续之前的含义，代表发动机排量。但也有例外，比如奔驰 E260，其采用的是 1.8L 带涡轮增压的发动机。

AMG 车型则有另外的命名规则，最后的三位数字变成了两位数。"63"车型的"63"是为了纪念 1960 年经典的 6.3L M100 发动机，其实也不代表实际排量——比如 C63 AMG 的实际排量是 6.2L；"55"车型的数字代表了确切的排量，比如 G55 AMG 和 SLK55 AMG 确实是搭载了 5.5L 的发动机。

数字之后是备注，如果车辆是加长轴版本，则在末尾加上 L。如果是有特点的技术应用，那么会另加标注，比如："E300L CGI"，CGI（charged gasoline injection）是奔驰的最新发动机缸内燃油直喷技术；S400 Hybrid 混合动力版轿车，也在车尾的另一侧单独附上"Hybrid"字样。20 世纪 90 年代后，奔驰的车型不断细分，至今已有表 1-3 所示细分级别。

表 1-3　奔驰车型细分级别

车系字母	来源单词（德语）	中文释义
A 级	—	小型掀背车
B 级	—	豪华运动休旅车
C 级	Compact	紧凑型轿车（实际上现在变成中型车）
E 级	Exekutive	行政级轿车
S 级	Sonderklasse	旗舰级轿车
G 级	Geländewagen	越野车
GL 级	Geländewagen Leicht	轻型越野车（相对 G 级而言）
GLK 级	Geländewagen Leicht Kurz	紧凑型的轻型越野车
CL 级	Coupe Leicht	轻型的轿跑车
CLS 级	Coupe Leicht Sportlich	轻型运动型轿跑车
CLK 级	Coupe Leicht Kurz	紧凑型的轻型轿跑车
M 级	Mehrzweck	多功能汽车
R 级	—	豪华旅行车
SLR 级	Sport Leicht Rennsport	具有赛车运动特质的轻型跑车
SLS 级	Sport Leicht Super	轻型超级跑车
SLK 级	Sport Leicht Kurz	小型轻质运动跑车
SL 级	Sport Leicht	轻型运动型跑车

2015 年开始，奔驰进行车系调整，对部分车型名字做了改变。依照新的命名法，SUV 名称变动最大。其中 GLK 更名为 GLC，ML 更名为 GLE，而 GL 则更名为 GLS。与此同时，SLK 也将更名为 SLC。

新的命名规则显得更有规律可循。如表 1-4 所示，"G"依旧代表越野车，而"GL"则代表 SUV，"CL"代表四门轿车，"SL"代表双座敞篷跑车。后面如果加"A"，就是紧凑型的意思；同理，"B"代表中小型，"C"代表中型，"E"代表中大型，S 就是大型。也就是说，前面几个（或一个）字母代表车型，最后这个字母表示车辆的车身大小。

表1-4　奔驰车型的命名

越野车、SUV 车型	核心车系	四门轿跑	敞篷跑车
G GLS (GL) GLE (ML) GLC (GLK) GLB GLA	S E C B A	CLS CLA	SL SLC (SLK)

除了改革车系名称外，这次改革也把车系名称的后缀进行了简化处理。以后将以小写字母作为后缀表示奔驰的动力系统，例如：c 代表压缩天然气汽车（之前称为 Natural Gas Drive）；d 代表柴油车（之前称为 BlueTec 和 CDI）；e 代表电动车和插电混合动力车（之前称为 Plug-in Hybrid、BlueTec Plug-in Hybrid 和 Electric Drive）；f 代表燃料电池车（之前称为 F-Cell）；h 代表混合动力车（之前称为 Hybrid 和 BlueTec Hybrid）；汽油动力则无后缀。四驱车型的后缀跟以往一样，用"4MATIC"表示。

（3）汽车总成型号编码

在技术文件中使用发动机名称来准确表示发动机，通常只使用一个缩写。该缩写用于表示某一发动机与所属发动机系列的关系。例如常说的 N53 发动机系列由 N53B25U0、N53B30U0 和 N53B30O0 等多款发动机构成。宝马 B58 发动机代码标识位置如图1-24 所示。以宝马车型为例，发动机总成编号具体含义见表1-5。

> B58B30M0发动机型号含义：
> B：宝马集团开发
> 5：R6直列发动机
> 8：带增压、直喷与可变气门技术
> B：纵置发动机
> 30：发动机排量为3.0L
> M：功率等级为中等
> 0：全新研发

发动机编号　　发动机名称
41612　　B58B30M0

图1-24　B58 发动机的代码标识

表 1-5　宝马发动机命名规则

序号	含义	代码	说明
1	发动机开发人	M，N，B	BMW 集团
		P	BMW Motorsport
		S	BMW M GmbH
		W	外购发动机
2	发动机类型	1	R4 直列发动机（例如 N18）
		2	R4 直列发动机（例如 N20）
		3	R3 直列发动机（例如 B38）
		4	R4 直列发动机（例如 N43）
		5	R6 直列发动机（例如 N55）
		6	V8 发动机（例如 N63）
		7	V12 发动机（例如 N74）
		8	V10 发动机（例如 S85）
3	标准型发动机方案更改	0	标准型发动机
		7	带涡轮增压的柴油直接喷射系统
		8	带涡轮增压、Valvetronic、直接喷射功能的 TVDI 汽油发动机
4	工作方式或燃油和安装位置	A	横向安装汽油发动机
		B	纵向安装汽油发动机
		C	横向安装柴油发动机
		D	纵向安装柴油发动机
		E	电动，乙醇
		H	氢动力
		K	后置横向安装汽油发动机
		P	永久磁铁激励式同步电动机
5+6	排量（1/10L）	30	3.0L
		16	1.6L
7	功率等级	K	最小
		U	下等

序号	含义	代码	说明
7	功率等级	M	中等
		O	上等（标准）
		T	顶级
		S	超级
8	与授权发布相关的改款	0	全新研发
		1～9	升级改款

1.2.2 不同品牌汽车配件编码规则

（1）大众‐奥迪‐斯柯达汽车配件编码

德国大众‐奥迪‐斯柯达零件号是由 14 位字码构成的，主要由大类（主组）、小类（子组）、零件号、设计变更标记和颜色标记组成，如图 1-25 所示。

一			二			三			四		五		
1	2	3	4	5	6	7	8	9	10	11	12	13	14
主组 (车型或机组代码)			子组 (4位为大类/5、 6位为小类)			零件号			设计变更标记		颜色标记		

图 1-25　五组 14 位零件编号组成

1）主组（1～3 位）：车型、机组代码

① 当该零件是发动机及变速器件时，前三位为机组代码。

② 当该零件为除机组以外零件时，前 3 位代表车型代码。一般情况下，前三位为奇数时，代表左置方向盘车；为偶数时，代表右置方向盘车。如一汽大众迈腾 B6/B7/B8 为 3CD/3AD/3GD，高尔夫 A6/A7 为 5KD/5GG，一汽奥迪 A4L B8/B9 为 8KD/8WD，A6L C6/C7 为 4FD/4GD，上汽大众途昂为 3CG，新帕萨特为 56D。

2）子组（4～6 位）：第 4 位为大类，5、6 位为小类

第 4 位数字表示的大类含义如下：1 为发动机及燃油喷射系统；2 为油箱及供油管路、排气系统及空调设备的制冷循环系统；3 为变速器；4 为前轴（前悬挂）、差速器及转向系统；5 为后轴（前悬挂）、差速器及转向系统；6 为车轮、刹车系统；7 为手操纵系统、脚踏板组；8 为车身、空调、暖风控制系统；9 为电器；0 为附件；N 为标准件。

第 5、6 位数字表示的小类含义如表 1-6 所示。

表 1-6　子组 4～6 位表示配件类别含义

第 4 位大类	第 5、6 位小类
1：发动机及燃油喷射系统	00：发动机或发动机总成
	03：缸体、缸盖、缸头上部的通风软管、油底壳
	07：活塞、活塞环
	09：配气机构　包括：进排气门、凸轮轴、正时齿轮、正时齿轮罩、带等
	15：机油泵、机油滤清器、托架、油标尺
	21：发动机的水冷却系统　包括：水泵、散热器、进出水管、风扇等
	27：燃油泵（化油器车用）、燃油储压器、连接软管
	29：化油器及进气系统　包括空气滤清器、进气歧管等
	33：喷射式发动机用的喷油器、燃油管路、冷启动阀、压力调节器、燃油计量阀（其中包括空气滤清器总成及空气计量阀）等
	41：液压离合器（4、5 缸通用）
	45：动力转向液压泵
	98：修理包　包括：缸体密封件（包括曲轴前后油封）、缸盖密封垫、活塞环、连杆、止推垫圈、轴瓦等
	99：发动机悬置件
2：油箱及供油管路、排气系统及空调设备的制冷循环系统	01：供油系统　包括：油箱、燃油管路、燃油滤清器及燃油泵
	53：排气歧管及排气消声器
	60：空调设备的制冷循环系统　包括：蒸发器、膨胀阀、压缩机、冷凝器、制冷软管、高低压开关等
	98：修理包　包括：磁性离合器的一套附件等
3：变速器	00：变速器总成
	01：机械变速器壳体和变速器及发动机之间的连接部件
	11：4 速和 5 速的变速器所有齿轮、轴及换挡轴拨杆等
	21：自动变速器壳体
	22：自动变速器前进、直接、倒挡齿轮离合器、液压变矩器
	25：阀体、自动变速器的油滤器
	98：修理包　包括：变速器密封件修理包、一套密封垫等
	99：变速器悬置件
4：前轴（前悬挂）、差速器及转向系统	07：导向控制臂及连接轴（驱动轴）、轮毂
	08：差速器和齿轮组及自动变速器和发动机相连接的壳体及连接件
	11：前悬挂　包括：减振弹簧、稳定杆等

第 4 位大类	第 5、6 位小类
4：前轴（前悬挂）、差速器及转向系统	12：前减振器
	19：蜗轮蜗杆转向器、方向盘、转向柱（不包括动力转向）
	22：动力转向机及液体容器和连接软管
	98：修理包 包括：一套密封件（包括驱动轴油）、差速器齿轮、车轮支承座等
5：后轴（前悬挂）、差速器及转向系统	00：后桥及附件
	11：后悬置
	12：后减振器
6：车轮、刹车系统	09：后鼓式制动器
	10：制动总泵及制动管路
	11：制动助力器
	14：制动压力调节器
	15：前盘式制动器 包括：制动片、制动柱塞缸、制动盘等
	16：自动调平系统 包括：自动调平阀、压力真空罐等
	98：修理包 包括：前/后成套刹车蹄片、制动水泵修理包、刹车衬垫、制动管及柱塞外壳的成套密封件等
7：手操纵系统、脚踏板组	11：变速器换挡机构、手制动操纵杆及冷启动钢索
	13：自动变速器的换挡机构
	21：制动踏板、离合器踏板组、机械变速器用的油门踏板及油门钢索
	22：自动变速器用的制动踏板、油门踏板
	98：修理包 包括：制动总泵推杆等
8：车身、空调、暖风控制系统	00：车身总成
	03：前侧梁及轮罩、车身的前后地板总成
	05：散热器框及导水板
	07：前、后保险杠
	08：侧板（包括门框架侧板及后叶子板轮罩）
	13：后隔板（行李厢内侧）、后端板、后挡泥板
	17：顶板
	19：鼓风机及壳、暖风和通风的通道及通风口
	20：自然通风和暖风控制（驾驶室内）、真空罐和真空软管（空调）
	21：前叶子板
	22：发动机罩盖

第 4 位大类	第 5、6 位小类
8：车身、空调、暖风控制系统	27：行李厢后罩盖及厢锁
	31：前车门、车门铰链、车门密封件、限位杆
	33：后车门、车门铰链、车门密封件、限位杆
	37：前门把手、内护板、玻璃框架及玻璃升降器
	38：后门把手、内护板、玻璃框架及玻璃升降器
	45：车窗玻璃
	53：所有玻璃嵌条、车门保护条、散热器护栏、驾驶室内通风口装饰板
	57：主要包括仪表板、杂物箱、遮阳板、后视镜、安全带等车内前部部件
	60：灭火器
	62：中央门锁系统
	63：车身内各部件隔音板及装饰板（不包括前仪表板）
	67：车门、车门柱装饰板和顶盖的装饰板
	81：前座椅总成及头枕
	85：后座椅总成及头枕
	98：修理包　包括：一套锁芯、一套保险杠安装件、叶子板修理包等
9：电器	03：发电机及连接固定件
	04：点火启动系统　其中包括点火线圈、点火线、火花塞、分电器、点火开关等
	05：K 型喷射霍尔传感控制单元（五缸机用）
	06：电控单元、速度传感器、防抱死开关、防滑控制开关
	11：起动机及其零部件
	15：蓄电池、蓄电池的固定件
	19：发动机和变速器开关、传感器以及仪表盘上的各种指示器和点烟器
	37：继电器盘及继电器（位置：方向盘下部）
	41：前大灯、前雾灯。后牌照灯、仪表板的开关保险丝 / 继电器盒中的所有保险丝和继电器（位置：车左前部）
	45：后制动灯、转向信号灯
	47：车内的各种照明灯及制动控制系统和车门灯控制开关
	51：喇叭
	53：前转向灯及转向、警报、雨刷洗涤组合开关
	55：刮水器及洗涤件
	57：车速表、距离传感器
	59：电风扇、电动车窗及电动后视镜的开关

第4位大类	第5、6位小类	
9：电器	71：各种线束	
	98：修理包　包括：雨刷片、霍尔感应器等	
0：附件	00：火花塞	
	11：千斤顶	
	21：工具箱	
	18：发动机护板	
	35：收音机、收放机喇叭、火花塞接头、分电盘、高压线插头、自动天线	
N：标准件	10：螺栓	
	11：垫圈	
	12：弹簧垫圈、锁环、锁片	
	13：密封圈	
	17：灯泡、保险丝	
	24：卡箍	
	38：线束	
	900：自攻螺钉	
	902：锁环	
	904：铆钉	

注：00 小类一般为大总成件，98 小类一般为修理包。

3）零件号（7～9 位）：零部件编号

零件号是按照结构顺序编排的，表示具体的那个部件，一般情况是：零件号越小，零件越大；零件号越大，零件越小。当第九位为单数时，该件为左边件；是双数时，该件为右边件，如图 1-26 所示。左右通用件，第九位为单数。如 321 821 021 N 就是左翼子板。

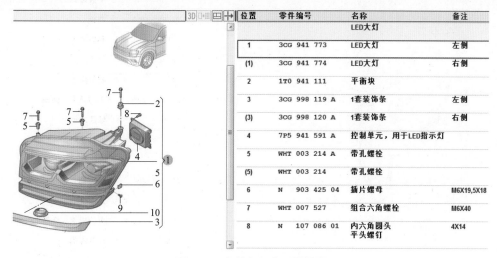

图 1-26　左单右双表示零件号

4）设计变更标记（10～11位）

材料、结构及厂家发生变化时，为区分变化前后零部件，使用变更标记。如：1ZD941017D 是明锐卤素大灯；1ZD941017E 为明锐氙气大灯；06H 121 026 CL/CK/DD，由于厂家切换和材料变更，尾号不同，实际都指 EA888 水泵总成，如图 1-27 所示。

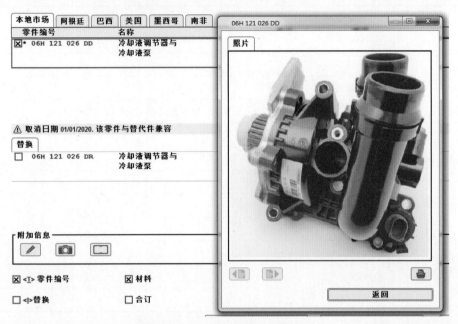

图 1-27　水泵总成零件号及替换号

5）颜色标记（12～14位）

它是用来区别有颜色的内部装饰的，三位数字或字母是一组，只有在一起时才有意义。如：9B9，棉缎黑色（见图 1-28）；4K1，米色；2A0，灰色；TDZ，黑色/亮铬色；PN9，树节纹棕色。

位置	零件编号		名称
			平头螺钉
(24)	5GG 837 209		垫板
	11/16	9B9	棉缎黑色
24	5GG 837 210		垫板
	11/16	9B9	棉缎黑色
(25)	5GG 837 205		车门把手，外部
	11/16	GRU	涂底漆的
(25)	5GG 837 205 B		车门把手，外部
	11/16	GRU	涂底漆的
25	5GG 837 206		车门把手，外部
	11/16	GRU	涂底漆的
25	5GG 837 206 B		车门把手，外部
	11/16	GRU	涂底漆的

图 1-28　饰件颜色代码

（2）奔驰汽车配件编码

奔驰汽车配件编号规则如图 1-29 所示。

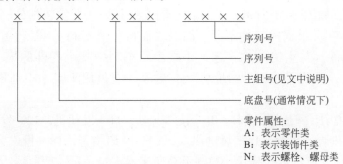

图 1-29　奔驰汽车配件编码组成

奔驰主组号说明（一般情况下）：

0——发动机部分；

1——发动机进气系统、空调、转向、发电机；

2——冷却系统、空调、发动机支架、变速器部分；

3——供油系统、底盘部分；

4——制动系统、排气系统、操纵系统、供油系统；

5——仪表、线束部分；

6——车身及内饰部分；

7——前门、后门、后备厢；

8——车身外观部分（杠、灯、后视镜）、安全系统；

9——座椅、扶手、皮带、油管。

如图 1-30 所示，图中滤芯的零件号为 A2761800009，机油冷却器所用紧固螺栓的零件号为 N000000001147。

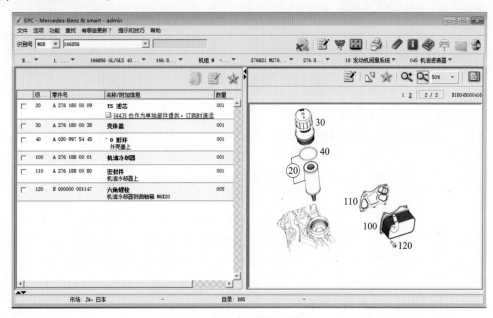

图 1-30　奔驰零件号展示

（3）宝马汽车配件编码

零件编号是指主组和子组中某个零件的扩展项目编号。BMW 原装零件编号总是由十一位数字组成，如图 1-31 所示。主组将车辆大致分为几个安装部分（例如，发动机、转向、制动装置等）。根据内容的不同，图表界面将分至不同主组。主组内的结构用于快速寻找所需零件。与主组结构一起，子组表示车辆中某个配件的第一个安装位置。项目编号指 BMW 原装零件编号的最后 7 位数字，它是用于唯一识别零件的一个组织术语。

宝马主组号说明（一般情况下）：01—技术文献，11—发动机，12—发动机电气系统，13—混合气制备和调节装置，16—燃油供应，17—冷却装置，18—排气装置，21—离合器，22—发动机和变速器悬挂装置，23—手动变速器，24—自动变速器，25—换挡机构，26—传动轴，31—前桥，32—转向系统和车桥测量，33—后桥，34—制动，35—踏板装置，36—轮及轮胎，41—毛坯车身，51—车身装备，52—座椅，54—活动天窗和折叠式软顶，61——一般车辆电气系统，62—仪表，63—车灯，64—冷暖空调，65—音频、导航、信息系统，66—车距控制系统、定速控制系统，71—零件和附件（发动机和底盘），72—零件和附件（车身），82—特殊附件，83—消耗材料和辅料，84—通信系统，91—个性化装备。

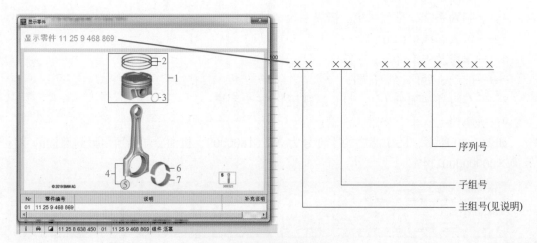

图 1-31　宝马汽车零件编号

（4）丰田－雷克萨斯汽车配件编码

丰田-雷克萨斯汽车零件号的前 5 位是基本编号，表示零件的种类（一辆车约由 3000 多种零件组成）；之后 5 位是设计编号，表示发动机的型式及汽车的型式；最后 2 位是附属编号，表示零件的颜色及属别。零件号码组成如图 1-32 所示。

48	510	-	0D	03	0	00
分组编号	排列编号		型式编号	追加编号	变更编号	附属编号

图 1-32　丰田三组共 12 位零件号码

前 5 位代表着零件的名称及属性，也就是说，代表这是个什么零件。比如发动机大修包的前 5 位是 04111，也就是人们经常说的头号。就算车型不同，同一品种零件前 5 位都是相同的，还拿发动机大修包来说，它的固定编码号就是 04111，如图 1-33 所示，所以对于丰田汽车的配件编码只要记住前 5 位就可以了。

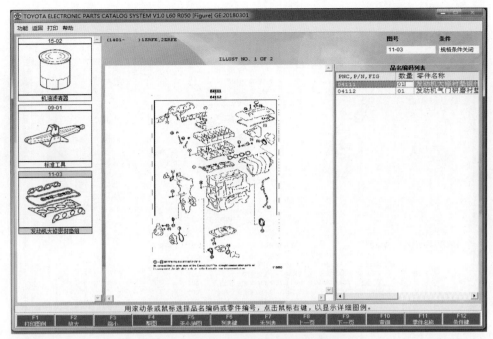

图 1-33　发动机大修包零件号前 5 位编码

后面的 5 位主要是代表这个零件的适配车型，也就是说，代表什么车能用。这里面也有固定的规律：前 2 位代表车系，后 3 位更详细地代表车型。比如国产皇冠车型一般是 0P、31 等。04111-0P100 的大修包同时适用于锐志与皇冠两款车型，见图 1-34。

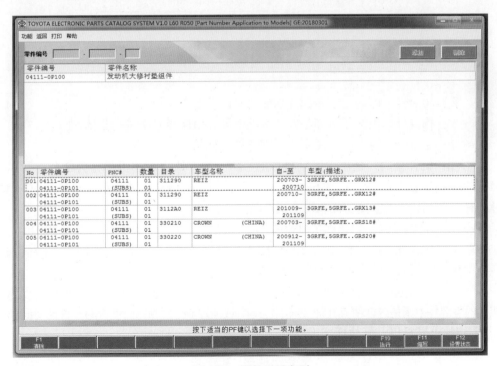

图 1-34　配件适用车型

（5）本田－讴歌汽车配件编码

本田－讴歌汽车配件信息查询显示如图 1-35 所示。

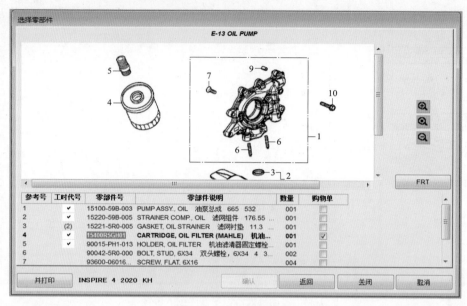

图 1-35　本田零部件号

1）一般零部件

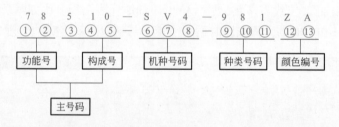

①、②：功能号，即表示该零部件功能的号码。

③～⑤：构成号。根据各个零部件名称的不同，由构成号来进行具体区分。

①～⑤：主号码。主号码是用来说明零部件名称的。

⑥～⑧：机种号码，是用以区别机型的号码。如⑥所表示的机种分为 9 个类型：G/J/K/M 四个对应摩托车产品，S/P 两个对应汽车产品（如上例的 S 即表示汽车类），V/Y 对应农业机械类产品，Z 对应发动机和发电机产品。

⑨～⑪：种类号码。它是在主号码①～⑤与机种号码⑥～⑧完全相同的情况下，为了区别该零部件的不同种类而使用的号码。比如在同一零部件的生产厂家不同、零部件的式样变更等情况出现时，可以通过种类号码进行区分。

⑫、⑬：颜色编号，通常由两位英文字母来表示。它是在①～⑪完全相同的情况下，完全相同的零部件由于是内饰件或外饰件而颜色不同时，为了区分颜色而使用的一种辅助记号。

2）螺栓、螺母以及其他标准零部件

①～⑤：主号码。

⑥～⑩：尺寸。

⑪：JIS（日本工业标准）规格。

⑫：表面处理。

（6）日产－英菲尼迪汽车配件编码

以东风日产为例，备件号一般由10位的零件号和3～4位的来源码组成（进口件3位代码，国产件4位代码），如图1-36所示。

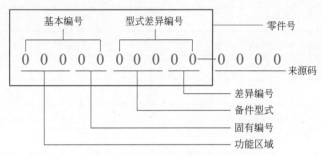

图1-36 日产零件号编码组成

说明：配件主体共计10位，不足10位的零件号在首位补"0"填满。来源码1～4位不等。

功能区域1～3位为配件分组，编号00～09为标准件号，如图1-37所示。

区分	编号	种　类	图解
标准配件A编号	080	六角螺栓(2种)	
	081	六角螺栓	
	082	螺栓	
	083	小螺丝(螺钉)	
	084	前部尖的小螺钉	
	085	自攻螺钉	
	087	管接螺母、接头、软管卡子、燃料管	
	089	螺母、垫片、插头、保险丝、弹簧	
	006	铆钉	
	008	U字形插销	
	009	卡环、销、插头、保护环，其他	
标准配件B编号	022	真空前照灯	图　省　略
	021	排放物控制管	
	028	车厢、把手	

图1-37 日产标准件编码含义

除标准件外的其他零件分组编号如表 1-7 所示。如制动系统用 440～479 的分类来表示，见图 1-38。

表 1-7　基本编号前 3 位表示的配件类型

编号	表示类型
100～159	发动机
160～189	燃油供给系统
200～219	排气系统及冷却系统
220～239	发动机电器
240～289	车身电器、空调
310～399	传动系统
400～439	行驶系统
440～479	制动系统
480～489	转向系统
620～659	车身（前部、顶盖、地板）
760～859	车身（侧围、后部）
868～899	安全带、座椅
900～959	背门及其相关
963～998	其他（后视镜、标牌、工具、全车锁）

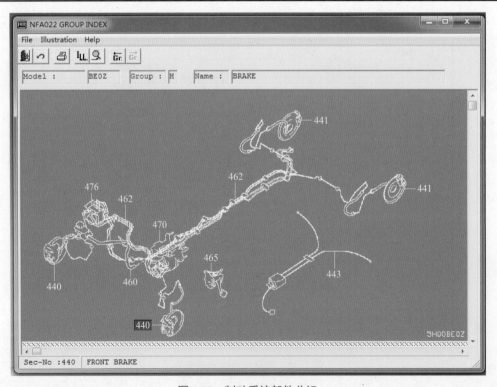

图 1-38　制动系统部件分组

基本编号（前 5 位码）为固定码，代表同一个零件。如 26010 前照灯。

型式编码（6 ~ 8 位码）表示不同车型。如 ED*（骐达 / 颐达）、CJ*（骏逸 / 骊威）、EW*（轩逸）。

零件号基本编号的首位若为大写字母 A、B、C、D、E、F、G、H、K，表示该备件号为服务专用件号（即提供的备件和整车上的零件状态有差异，注意与精品编号区分）。例如：

80601 AX000 → H0601 AX000（左前门锁芯组件）

41060 ED51A → D1060 ED51A（制动蹄片组件）

76030 CJ00A → G6030 CJ0MA（车身前侧围外板总成）

来源表示含义如下：

国产件：-A000、-B000、-C000、-D000。

进口件：-999。

自制件：-075（HD 工厂）、-088（XF 工厂）、-C141（发动机工厂）。

等等。

（7）国产自主品牌汽车配件编码

国产车的零部件编号规则根据 QC/T 265—2004 标准制定。该标准规定了各类汽车、半挂车的总成和装置及零件号编制的基本规则和方法。

1）汽车零部件编号表达式

完整的汽车零部件编号表达式由企业名称代号、组号、分组号、源码、零部件顺序号和变更代号构成。零部件编号表达式根据其隶属关系可按图 1-39 所示三种方式进行选择。

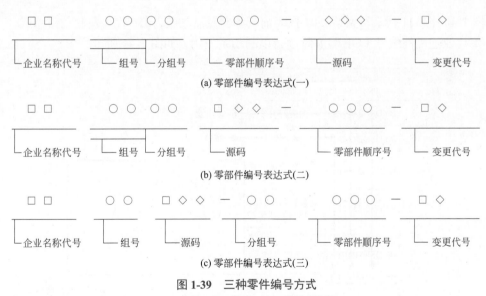

图 1-39 三种零件编号方式

□—字母；○—数字；◇—字母或数字

2）各组别号码的规则

组号：用 2 位数字表示汽车各功能系统分类代号，按顺序排列。

分组号：用 4 位数字表示各功能系统内分系统的分类顺序代号，按顺序排列。

零部件顺序号：用 3 位数字表示功能系统内总成、分总成、子总成、单元体、零件等顺序代号。

　　零部件顺序号表述应符合下列规则：总成的第三位应为零；零件第三位不得为零；3位数字为001～009，表示功能图、供应商图、装置图、原理图、布置图、系统图等为了技术、制造和管理的需要而编制的产品号和管理号；对称零件的上、前、左件应先编号为奇数，下、后、右件后编号且为偶数；共用图（包括表格图）的零部件顺序号一般应连续。

　　3）品牌车型示例

　　下面以奇瑞和比亚迪汽车为例通过标准来进行解读。

　　① 奇瑞零件编号（OE号）解读，以制动系为例，如图1-40所示。

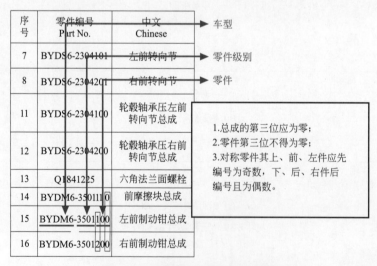

A11-3501050	→ 左制动钳总成(零件名称)
A11-3501051	制动钳壳体
A11-3501053	放气螺钉
A11-3501055	橡胶堵帽
A11-3501057	螺纹保护阻塞
A11-3501059	活塞
A11-3501060	右制动钳总成
A11-3501061	活塞组头减振片
A11-3501063	活塞密封环
A11-3501065	活塞防尘套
A11-3501067	定位导向杆
A11-3501069	防尘套

前制动器及制动鼓(零件组号与子组号)
车型

1.总成的第三位应为零；
2.零件第三位不得为零；
3.对称零件其上、前、左件应先编号为奇数，下、后、右件后编号且为偶数。

图1-40　奇瑞汽车配件编号解读

　　图1-40中A11代表车型，3501代表前制动器及制动鼓，050代表左制动钳总成。

　　② 比亚迪配件编号（OE号）解读，以制动系为例，如图1-41所示。

序号	零件编号 Part No.	中文 Chinese	
			车型
7	BYDS6-2304101	左前转向节	零件级别
8	BYDS6-2304201	右前转向节	零件
11	BYDS6-2304100	轮毂轴承压左前转向节总成	
12	BYDS6-2304200	轮毂轴承压右前转向节总成	
13	Q1841225	六角法兰面螺栓	
14	BYDM6-3501110	前摩擦块总成	
15	BYDM6-3501100	左前制动钳总成	
16	BYDM6-3501200	右前制动钳总成	

1.总成的第三位应为零；
2.零件第三位不得为零；
3.对称零件其上、前、左件应先编号为奇数，下、后、右件后编号且为偶数。

图1-41　比亚迪汽车配件编号解读

　　图1-41中BYDM6代表车型，3501代表前制动器及制动鼓，100代表左前制动钳总成。

1.3 汽车配件识别

1.3.1 配件正副识别

　　配件正副识别，即识别配件是原厂件还是非原厂件。下面以膨胀阀和蓄电池来举例说明。

　　膨胀阀用来解除液态制冷剂的压力，使制冷剂能在蒸发器中膨胀变成蒸气。随着蒸发器出口处温度和进口处蒸气压力的变化，膨胀阀针阀的开度也随之变化，从而调节了液态制冷剂的流量。以长城哈弗空调膨胀阀组件为例，配件识别如图 1-42 所示。

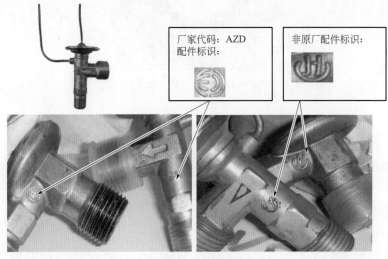

厂家代码：AZD
配件标识：

非原厂配件标识：

图 1-42　空调膨胀阀

　　汽车启动时，蓄电池向起动机和点火系统供电；将发电机剩余电能转化为化学能储存起来；相当于一个大电容，能够稳定电压，吸收瞬时高压，保护电气元件；向电控系统提供不间断供电电源。蓄电池识别示例如图 1-43 所示。

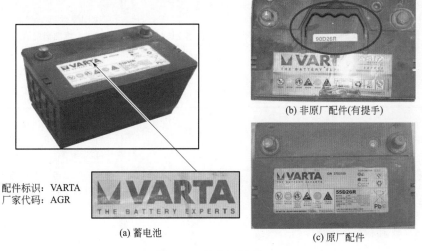

配件标识：VARTA
厂家代码：AGR

(a) 蓄电池

(b) 非原厂配件(有提手)

(c) 原厂配件

图 1-43　蓄电池识别

1.3.2 配件好坏识别

以火花塞好坏识别为例。工作正常的火花塞，其绝缘体裙部为赤褐色或棕红色，两电极表面呈赤褐色且比较洁净，如图 1-44 所示。

图 1-44 火花塞正常状态

若火花塞存在表 1-8 所列现象，表明发动机或火花塞工作不正常。

表 1-8 火花塞部件损坏及不良件类型

实物图	现象描述	原因分析
	火花塞电极熔化，绝缘体呈白色	说明气缸内温度过高使火花塞烧蚀。 可能原因是气缸内积炭过多，气门间隙过小，点火过迟，火花塞密封过薄、损坏，火花塞未能按规定扭矩拧紧，发动机散热不良，等等
	火花塞电极变圆且绝缘体结疤	说明发动机早燃。原因是点火时间过早，汽油辛烷值过低，火花塞热值过高，等等
	火花塞绝缘体顶部碎裂	发动机产生爆震燃烧，瞬时过高的压力冲击波将绝缘体击裂。原因：点火时间过早，汽油辛烷值过低，燃烧室内严重积炭，温度过高

实物图	现象描述	原因分析
	火花塞绝缘体顶部有灰黑色条纹	说明火花塞已经漏气。原因：点火时间过早，汽油辛烷值过低，燃烧室内严重积炭，温度过高，等等
	火花塞绝缘体顶端和电极间有油性沉积物	说明机油已进入气缸参与燃烧。如仅个别火花塞有沉积物，则为气门杆挡油圈失效；若所有火花塞都有沉积物，则为空气滤清器、曲轴箱废气燃烧不良，主要原因是混合气过浓，使火花塞上留下这层黑色的炭烟层
	火花塞绝缘体顶端和电极间有灰色沉积物	通常是因为汽油质量不符合要求，以及汽油中的添加剂燃烧后生成的沉积物会降低火花塞的点火性能
	火花塞绝缘体裙部和电极外表潮湿，且有生油味	说明该缸高压线无电或电能微弱，或火花塞故障，导致该缸断火

1.3.3 配件规格识别

有的汽车配件在更换时须严格按对应的规格、尺寸、版本甚至生产厂家去进行。下面以两个示例来说明汽车配件规格识别的方法。

① 长安福特汽车有限公司生产的配置 SIGMA 1.5L 活塞的 2013 款新嘉年华汽车和 2013 款翼搏汽车。

因活塞有两种状态，在维修发动机更换连杆总成时，同一台发动机须使用原车所装零件，两种状态零件不能混用。

活塞区别，具体见图 1-45、图 1-46。其中，状态 1 "ZM51 11YA0"、状态 2 "BV2E CA" 对应两种不同配置发动机配件号。

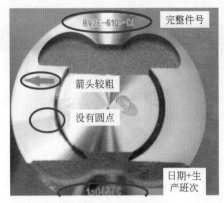
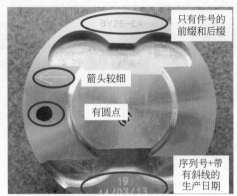

(a) 状态1：ZM51 11YA0　　　　　　　　　　(b) 状态2：BV2E CA

图 1-45　活塞顶部区别

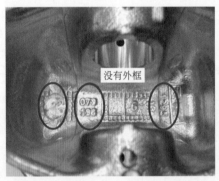
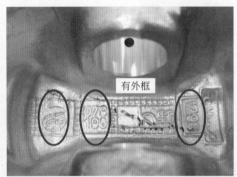

(a) 状态1：ZM51 11YA0(三个地方均无外框)　　　(b) 状态2：BV2E CA(三个地方都有外框)

图 1-46　活塞底部区别

② 重汽 MC 系列、WD 系列发动机用发电机，主要为浙江德宏发电机（代码 OE143）和北京奥博发电机（代码 00997）。配件标识位置及说明见图 1-47、图 1-48。

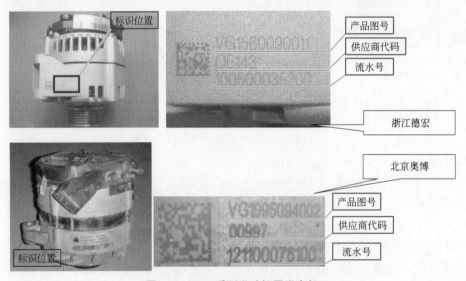

图 1-47　WD 系列发动机用发电机

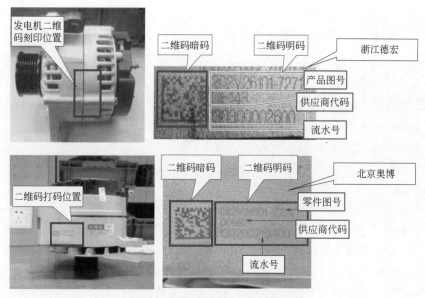

图 1-48　MC 系列发动机用发电机

1.4　汽车配件销售术语

1.4.1　汽车配件行业术语

KD：knock down，散件组装。KD 有三种形式：CKD（completely knock down）为全散件组装（也指全散装件）；SKD（semi-knock down）则是半散件组装，一部分总成是现成的；DKD（direct knock down）可以翻译为直接组装或成品组装，如汽车组装生产中，车身整体进口，安装车轮后出厂。

CKD：completely knock down，全散装件。CKD 是以全散件形式作为进口整车车型的一种专有名词术语，指在当地生产的零部件以较低的关税和较低的工资，利用当地劳动力组装成整车，并以较低零售价出售。

OEM：original equipment manufacturer，原厂装备制造商，也就是原厂装车配件的配套生产商，包括代加工、贴牌生产商。

4S 店："四位一体"的汽车销售专卖店。它主要是以汽车厂家连锁式专项品牌经营为主体，以整车销售（sale）、配件供应（spare part）、维修服务（service）和信息反馈（survey）的"四位一体"为特色的综合性汽车营销模式。

综合型修理厂：大多是由汽车维修企业发展起来、具有较高资质、配置了较好的机器和专业人员的大中型维修厂。

汽配城：前身一般是汽配街，最初是由做批发业务的商户自发形成的产业集聚。汽配城经营主体繁多、层次不一；有批发业务，也有零售、维修业务。

路边修理店：一般规模较小、资金不多、人员技术水平不高、设备较差，但是由于其灵活性和便利性，也在售后配件市场中占据了一席之地。

柠檬市场：也称次品市场，也就是卖家比买家拥有更多的信息，两者之间的信息是非对称的。买家肯定不会相信卖家的话，即使卖家说得天花乱坠。买家的办法就是压低价格。过低的价格也使得卖家不愿意提供高质量的产品，从而令低质品充斥市场。

1.4.2　汽车技术及部件术语

（1）汽车技术参数（尺寸参数见图1-49）

车长（mm）：汽车长度方向两极端点间的距离。

车宽（mm）：汽车宽度方向两极端点间的距离。

车高（mm）：汽车最高点至地面间的距离。

轴距（mm）：汽车前轴中心至后轴中心的距离。

轮距（mm）：汽车同一车桥左、右轮胎胎面中心线间的距离。

前悬（mm）：汽车最后端至前轴中心的距离。

后悬（mm）：汽车最后端至后轴中心的距离。

最小离地间隙（mm）：汽车满载时，最低点至地面的距离。

接近角（°）：汽车前端突出点向前轮引的切线与地面的夹角。

离去角（°）：汽车后端突出点向后轮引的切线与地面的夹角。

转弯半径（mm）：汽车转向时，汽车外侧转向轮的中心平面在车辆支撑平面上的轨迹圆半径。转向盘转到极限位置时的转弯半径为最小转弯半径。

图1-49　汽车尺寸参数

最高车速（km/h）：汽车在平直道路上行驶时能够达到的最大速度。

最大爬坡度（%）：汽车满载时的最大爬坡能力。

平均燃料消耗量［L/（100km）］：汽车在道路上行驶时每百公里平均燃料消耗量。

车轮数和驱动轮数（$n×m$）：车轮数以轮毂数为计量依据，n代表汽车的车轮总数，m代表驱动轮数。

整车装备质量（kg）：汽车完全装备好的质量，包括润滑油、燃料、随车工具和备胎等所有装置的质量。

最大总重量（kg）：汽车满载时的总质量。

最大装载质量（kg）：汽车在道路上行驶时的最大装载质量。

最大轴载质量（kg）：汽车单轴所承载的最大总质量，与道路通过性有关。

（2）汽车类型术语

SUV：SUV 的全称是 sport utility vehicle，中文意思是运动型多用途汽车，现在主要是指那些设计前卫、造型新颖的四轮驱动越野车。一般而言，SUV 前悬架是独立悬架，后悬架是非独立悬架，离地面空隙较大，在一定程度上既有轿车的舒适性又有越野车的越野性能。

MPV：MPV 全称是 multi-purpose vehicle，即多用途汽车。它集轿车、旅行车和厢式货车的功能于一身。近年来，MPV 趋向于小型化，并出现了所谓的 S-MPV，S 是小（small）的意思。S-MPV 车长一般在 4.2 ～ 4.3m 之间，车身紧凑，一般为 5 ～ 7 座。车型如图 1-50 所示。

(a) SUV车型(本田CR-V)   (b) MPV车型(别克GL8)

图 1-50　SUV 与 MPV 经典车型

RV、SRV：RV 全称是 recreational vehicle，即休闲车，是一种适用于娱乐、休闲和旅行的汽车，首先提出 RV 汽车概念的国家是日本。RV 的覆盖范围比较广泛，没有严格的范畴。从广义上讲，除了轿车和跑车外的轻型乘用车，都可归属于 RV。MPV 及 SUV 也同属 RV。SRV 的英文全称是 small recreation vehicle，翻译过来意思是"小型休闲车"，一般指两厢轿车，比如上海通用赛欧 SRV。车型如图 1-51 所示。

皮卡：皮卡（pick up）又名轿卡。顾名思义，它亦轿亦卡，是一种采用轿车车头和驾驶室，同时带有敞开式货车车厢的车型。其特点是既有轿车般的舒适性，又不失强劲动力，而且其载货和适应不良路面的能力还比轿车强。最常见的皮卡车型是双排座皮卡，这种车型是目前保有量最大，也是人们在市场上见得最多的皮卡。

(a) SRV(别克赛欧)   (b) 皮卡(长城炮)

图 1-51　SRV 与皮卡经典车型

Coupe：名称来自法语 coupé，在没有汽车的年代，原本是指双座四轮轿式马车。现在的 Coupe，专门用来表示固定顶棚的车型，通常就是指双门轿跑车。

Roadster：指的是敞篷跑车，但一般都是指双座型汽车的敞篷版，看起来会比 Coupe 还要拉风，不过也有 4 座的 Roadster，比如摩根 Roadster。敞篷车有硬顶和软顶之分，软顶就是可以折叠的帆布，而硬顶则是可折叠的硬质的车顶。车型如图 1-52 所示。

(a) Coupe(奔驰S65 AMG Coupe)　　　　(b) Roadster(奔驰E350 Cabriolet)

图 1-52　Coupe 与 Roadster 车型

Cabriolet：来自法语的一个词，同样也是指敞篷跑车，不过一般是指 2+2 座的敞篷跑车，很多 Coupe 的敞篷版，也叫 Cabriolet。现在有一些车型将其简写成 Cabrio。虽然是 2+2 的座椅布局，但是后面两个座位非常窄小。

Spyder：还是敞篷跑车的意思，或写为 Spider，像法拉利 488 Spider，如图 1-53 所示。这个名字常用于中后置发动机的跑车上，但也有前置后驱的跑车用这个名字，比如玛莎拉蒂 Spyder。

(a) 玛莎拉蒂的GranCabrio　　　　　　(b) 法拉利488 Spider

图 1-53　敞篷跑车类型

Targa：原始意义是半敞篷形态，特点是有个固定的防滚架，车顶也可以手动拆下。现在先进的 Targa，车顶能够自动收起，比如保时捷的 Targa。由于防滚架的存在，车身刚度会有所提高，会比普通的敞篷车更好。

Super Sport Car：也就是常说的超级跑车，通常来说有这几个特点：价格非常昂贵，有的车型还限量生产；动力强劲，排量最少都有 3.5L；加速起步快，都小于 5s；性能超群，包括极致的操控性能；车轻，以实现更高的推重比，加速更敏捷；外观超前，也有空气动力学设计方面的原因，如图 1-54 所示，一般的车不这么张扬。

(a) 保时捷911 Targa　　　　　　　(b) 超级跑车(布加迪威航)

图 1-54　半敞篷车型与超级跑车

Grand Tourer：常说的 GT，就是 Grand Tourer，源自拉丁文的 Gran Turismo，原本意为长途旅行时所使用的大型马车的车厢，汽车出现之后，其含义慢慢转变为高性能跑车，也就是超级跑车的另外一种叫法。

Muscle Car：直译就是"肌肉车"，为美国的特色车型，车身宽大，动力强劲，追求大扭力，而且至少都要配 V8 的发动机，如福特野马跑车 MUSTANG，见图 1-55。

(a) 法拉利敞篷GT车型　　　　　　　(b) 肌肉型跑车(福特野马)

图 1-55　GT 车型与肌肉型跑车

CKD 汽车：英文 completely knocked down 的缩写，意思是"完全拆散"。换句话说，CKD 汽车以完全拆散的状态进入，之后再把汽车的全部零部件组装成整车。我国在引进国外汽车先进技术时，一开始往往采取 CKD 组装方式，将国外先进车型的所有零部件买进来，在国内汽车厂组装成整车。

零公里汽车：零公里汽车是一个销售术语，指驾驶里程为零（或里程较低，如不高于10km）的汽车。它的出现是为了满足客户对所购车辆"绝对全新"的要求。零公里表示汽车从生产线上下来后，还未有任何人驾驶过。

概念车：概念车由英文 conception car 意译而来。概念车不是将投产的车型，它仅仅是向人们展示设计人员新颖、独特和超前的构思而已。概念车还处在创意、试验阶段，很可能永远不投产。

老爷车：老爷车也叫古典车，一般指 20 年前或年代更久远的汽车。老爷车是一种怀旧的产物，是人们过去曾经使用的，现在仍可以工作的汽车。老爷车这一概念始于 20 世纪 70 年代，最早出现在英国的一本杂志上。此后不到 10 年，关注老爷车的人就越来越多，致使老爷车的价格戏剧性地增长起来。

零排放汽车：零排放汽车是指不排出任何有害污染物的汽车，比如太阳能汽车、纯电动汽车、氢气汽车等。有些人也把零排放汽车称为绿色汽车、环保汽车、生态汽车和清洁汽车等。

电动汽车（EV）：目前人们所说的电动汽车多是指纯电动汽车，是一种采用单一蓄电池作为储能动力源的汽车。它利用蓄电池作为储能动力源，通过电池向电动机提供电能，驱动电动机运转，从而推动汽车前进。

混合动力汽车（HEV）：混合动力汽车就是在纯电动汽车上加装一套内燃机，其目的是减少汽车的污染，提高纯电动汽车的行驶里程。混合动力汽车有串联式和并联式两种结构形式。车辆类型标识如图 1-56 所示。

插电式混合动力汽车（PHEV）：英文全称是 plug-in hybrid electric vehicle，就是介于纯电动汽车与燃油汽车两者之间的一种新能源汽车，既有传统汽车的发动机、变速器、传动系统、油路、油箱，也有纯电动汽车的电池、电动机、控制电路，而且电池容量比较大，有充电接口。它综合了纯电动汽车（EV）和混合动力汽车（HEV）的优点，既可实现纯电动、零排放行驶，也能通过混动模式增加车辆的续驶里程。车辆标识如图1-57所示。

(a) 电动汽车车身标识(比亚迪EV)　　　(b) 油电混合动力汽车车身标识(丰田双擎混动)

图1-56　电动与油电混合动力汽车车型标识

(a) PHEV插电式混合动力汽车　　　(b) FCEV氢燃料电池汽车车身标识(本田车型)
车身标识(大众车型)

图1-57　插电式混合动力与氢燃料电池汽车车型标识

氢能汽车（HV）：氢能汽车，顾名思义，是以氢作为能源的汽车，将氢反应所产生的化学能转换为机械能以推动车辆。氢能汽车分为两种：氢内燃机汽车（hydrogen internal combustion engine vehicle，HICEV）是以内燃机燃烧氢气（通常通过分解甲烷或电解水取得）产生动力推动汽车；氢燃料电池汽车（fuel cell electric vehicle，FCEV）是使氢或含氢物质与空气中的氧在燃料电池中反应产生电力推动电动机，由电动机推动车辆。

燃气汽车：燃气汽车主要有液化石油气汽车（简称LPG汽车或LPGV）和压缩天然气汽车（简称CNG汽车或CNGV）。顾名思义，LPG汽车是以液化石油气为燃料，CNG汽车是以压缩天然气为燃料。燃气汽车是目前较为实用的低排放汽车。

（3）发动机专业术语

V6发动机：汽车发动机常用缸数有3、4、5、6、8、10和12缸。排量1L以下的发动机常用3缸；1～2.5L发动机一般为4缸；3L左右的发动机一般为6缸；4L左右为8缸；5.5L以上用12缸发动机。一般来说，在同等缸径下，缸数越多，排量越大，功率越高；在同等排量下，缸数越多，缸径越小，转速相应提高，从而获得较大的提升功率。气缸的排列形式主要有直列、V型和W型等。发动机排量与类型标识如图1-58所示。

压缩比：压缩比是指气缸总容积与燃料室容积的比值，它表示活塞从下止点到达上止点时气缸内气体被压缩的程度。上、下止点位置如图1-59所示。压缩比是衡量汽车发动机性能指标的一个重要参数。

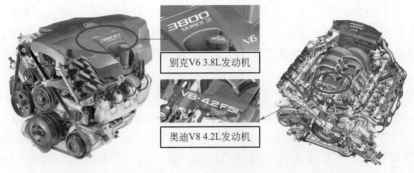

别克V6 3.8L发动机

奥迪V8 4.2L发动机

图 1-58　发动机排量与类型标识（别克 V6 与奥迪 V8 发动机）

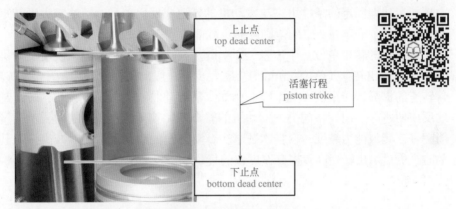

上止点
top dead center

活塞行程
piston stroke

下止点
bottom dead center

图 1-59　发动机活塞的上止点与下止点

　　一般来说，发动机的压缩比愈大，在压缩行程结束时混合气的压力和温度就愈高，燃烧速度就愈快，因而发动机的功率就愈大，经济性愈好。但压缩比过大时，不仅不能进一步改善燃烧情况，反而会出现爆燃、表面点火等不正常燃烧现象，又反过来影响发动机的性能。此外，发动机压缩比的提高还受到排气污染相关法规的限制。

　　排量：气缸工作容积是指活塞上止点到下止点间的容积，又称为单缸排量，它取决于缸径和活塞行程。发动机排量是各缸工作容积的总和，单位一般用升（L）表示，如图1-60 所示。发动机排量是最重要的机构参数之一，它比缸径和缸数更能代表发动机的大小，发动机的许多指标都同排量密切相关。

四缸发动机，各缸工作容积为500mL　　　　发动机工作排量为2L

图 1-60　发动机排量示例

功率：功率是指物体在单位时间内所做的功。在一定的转速范围内，汽车发动机的功率与发动机转速成非线性正比关系，转速越快则功率越大，反之越小，它反映了汽车在一定时间内的做功能力。用同类型汽车做比较，功率越大，转速越高，汽车的最高速度也越高。

发动机的输出功率同转速关系很大。随着转速的增加，发动机的功率也相应提高，但是达到一定的转速以后，功率反而呈下降趋势。一般在说明发动机最高输出功率的同时标出转速（单位：r/min），如 73.5kW（5000r/min），即在 5000r/min 时最高输出功率为73.5kW。常用最大功率来描述汽车的动力性能。最大功率单位一般为马力（hp）或千瓦（kW），1hp 约等于 0.735kW。

转矩：转矩是使物体发生转动的力矩。发动机的转矩就是指发动机从曲轴端输出的力矩。在功率固定的条件下它与发动机的转速成反比关系，转速越大则转矩越小，反之越大。它反映了汽车在一定的范围内的负载能力。

发动机的转矩单位是牛·米（N·m）。同功率一样，一般在说明发动机最大输出转矩的同时也标出转速（单位：r/min）。最大转矩一般出现在发动机的中、低转速的范围，随着转速的提高，转矩反而会下降。例如车辆启动时或在山区行驶时，转矩越高，汽车运行的反应便越好。用装备同类型发动机的轿车做比较，转矩输出越大，承载量越大，加速性能越好，爬坡能力越强，换挡次数越少，对汽车的磨损也会相对减少。尤其在轿车零速启动时，更显示出转矩高者提升速度快的优越性。发动机性能参数曲线如图 1-61 所示。

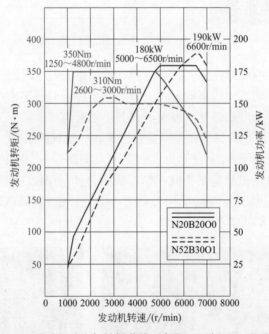

图 1-61　发动机功率与转矩曲线（宝马 N20 与 N52 发动机）

单点电喷（SPI）、多点电喷（MPI）：汽车发动机的电喷装置一般是由喷油油路、传感器组和电子控制单元三大部分组成的。如果喷射器安装在原来化油器位置上，即整个发动机只有一个汽油喷射点，这就是单点电喷（SPI）；如果喷射器安装在每个气缸的进气管上，即汽油是由多个地方（至少每个气缸都有一个喷射点）喷入气缸的，这就是多点电喷

（MPI）。发动机燃油喷射形式如图 1-62 所示。

缸内直喷（GDI）：直接将燃油喷入气缸内与进气混合的技术。优点是油耗量低，升功率大，压缩比高达 12，与同排量的一般发动机相比，功率与转矩都提高了 10%。空燃比达到 40 ∶ 1（一般汽油发动机的空燃比是 14.7 ∶ 1），也就是人们所说的"稀燃"。汽车缸内直喷技术（gasoline direct injection，GDI）在不同汽车品牌中有着不同的学名，比如奔驰 CGI/ BlueDIRECT、宝马 HPI、奥迪 TFSI、大众 TSI、通用 SIDI、福特 EcoBoost、丰田 D4、本田 Earth Dreams Technology（地球梦科技）、尼桑 DIG、马自达 SKYACTIV（创驰蓝天）等。

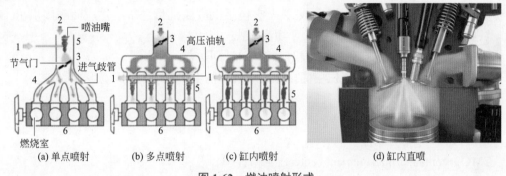

图 1-62　燃油喷射形式

1—汽油；2—空气；3—节气门；4—进气歧管；5—喷油嘴；6—气缸燃烧室

闭环控制：发动机电喷系统的闭环控制是一个实时的氧传感器、计算机和燃油量控制装置三者之间闭合的三角关系。氧传感器"告诉"计算机混合气的空燃比情况，计算机发出命令给燃油量控制装置，向理论值（14.7 ∶ 1）的方向调整空燃比。这一调整经常会超过理论值一点，氧传感器察觉出来，并报告计算机，计算机再发出命令调回到 14.7 ∶ 1。因为每一个调整的循环都很快，所以空燃比不会偏离 14.7 ∶ 1。闭环控制系统一旦运行，这种闭环调整就连续不断。采用闭环控制的电喷发动机，由于能使发动机始终在较理想的工况下运行（空燃比不会偏离理论值太多），从而能保证汽车不仅具有较好的动力性能，还能省油。发动机闭环控制原理如图 1-63 所示。

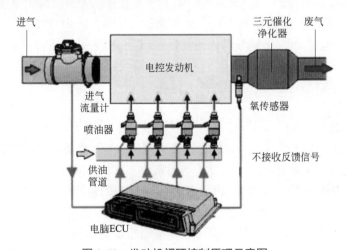

图 1-63　发动机闭环控制原理示意图

1.4.3 汽车配件物流术语

汽车物流：汽车供应链上原材料、零部件、整车以及售后配件在各个环节之间的实体流动过程。广义的汽车物流还包括废旧汽车的回收环节。汽车物流在汽车产业链中起到桥梁和纽带的作用。汽车物流是实现汽车产业价值流顺畅流动的根本保障。汽车物流一般可分为进口 SKD 及 CKD 的入厂物流、国产件的入厂物流、厂内物流、厂际物流、整车分销物流、售后备件物流、国际采购与出口零部件物流，以及相关逆向物流等主要方面。

产前物流：主要包括供应商零部件运输物流和零部件仓储物流，部分合资汽车企业还要涉及国际物流以及零部件配送上线等。它包括供应商批量送货、供应商顺序供货（顺引）、主机厂集货（集荷便）等三种入厂物流模式。

供应商批量送货：供应商根据主机厂的订单计划送货。

供应商顺序供货（顺引）：供应商按照生产线车辆生产顺序向工厂输送零部件。

RDC：零部件再分配中心。

CC：零部件集散中心。

3PL/TPL：第三方物流。

CMC：container management center，空箱管理。

JIS：just-in-sequence，有排序供应。它是运用在制造业，特别是离散型制造业中的一种高效率的生产和组装产品的思维。

SPS：set parts supply，丰田汽车生产方式中的"零部件供应区域"。

KD：knock down，散件组装。KD 有三种形式：CKD（completely knock down）为全散件组装（也指全散装件）；SKD（semi-knock down）则是半散件组装，一部分总成是现成的；DKD（direct knock down）可以翻译为直接组装或成品组装，如汽车组装生产中，车身整体进口，安装车轮后出厂。

CKD：completely knock down，全散装件。CKD 是以全散件形式作为进口整车车型的一种专有名词术语，指在当地生产的零部件以较低的关税和较低的工资，利用当地劳动力组装成整车，并以较低零售价出售。

KLT：小料箱。对于汽车行业来说，KLT 主要在德国汽车工业中使用，所以也主要出现在 CKD 的包装中，国内基本不用。通常来说小于 600×400×280 这个尺寸的都称为 KLT，可以用手搬运；而大于这个尺寸的就是 GLT 和 SLT 了，通常只能用叉车叉运；而 SLT 和 GLT 的区别就是，GLT 是规则的符合某种模数要求的包装，SLT 往往是在长、宽、高方面有超长或超宽的一些非规则模数的大包装。

GLT：大料箱。

SLT：特大料箱。

Milk-run：循环取货策略，日本又称之为主机厂集货（集荷便），起源于英国为解决牛奶运输问题而发明的取货策略，为闭合式运输系统。其特点在于由要货工厂（总装厂）承担相应物流运输费用，并由其指定 3PL，按照事先设定的运输路径、运输方式，在规定的取货和送货时间窗口内，从供应商指定出货点取货，以多家混合装载形式进行运输配送，送达要货工厂指定场所（缓冲仓库），也可用于空料箱返空回收。

时间窗口：需求之物或服务到达约定地点的时间至货物装卸处理完毕的时间。

Dock：仓库装卸平台、月台或码头。

Crossdock：交叉转运，产品不经储存，直接分拣配送。

物料上线模式：线边滑移架 +Kanban、single-bin 模式、推动模式。

线边滑移架 +Kanban：这种物料上线形式可以概括为，对零件采用标准包装，采用 Kanban（看板管理模式）作为拉动信号。对采用滑移架存放的零件而言，多数都是属于 two-bin 的模式。所谓 two-bin，是区别于 single-bin 而言的。此处的 Andon 指物料拉动工具，不是指现场监控的装置。

single-bin 模式：所谓 single-bin 就是基于单箱的拉动，例如 Andon。而 two-bin 是一种基于消耗的拉动。

推动模式：顺序计划的一种推动。供料指令从线边发出的，基于线边消耗的，都是拉动系统。如果没有考虑线边的实际情况，根据严格计划的投料，应该是推动系统。物料篮（warenkorb）是对多工位的一种配料。滑移架的形式，明显是固定在线边的。而 warenkorb 的形式，是物料跟随车辆一起移动。

JIT："just in time" 的缩写，准时生产方式。它作为一种管理方式，可以理解为"即时化"管理方式，也有人把它称为"准时化"管理方式，又称作无库存生产方式（stockless production）、零库存（zero inventories）、一个流（one-piece flow，也称单件流）或者超级市场生产方式（supermarket production）。JIT 的基本原理是以需定供、以需定产，即供方（上一环节）根据需方（下一环节）的要求，按照需方的品种、规格、质量、数量、时间、地点等要求，将生产物资或采购物资，不多、不少、不早、不晚且质量有保证地送到指定地点，生产必要数量和完美质量的产品或零部件，以杜绝超产，消除无效劳动和浪费，满足顾客要求。目标：消除无效劳动和浪费，零库存、废品率（零缺陷），生产批量为一个产品，百分之百的准时供货服务。

JIS：job instruction sheet，工作指导书。

SOS：standard operation sheet，标准作业指导书。

准时化配送（JITD）：也称准时配送，基本思想是把正确数量、正确质量的物品在正确的时间供应到正确的地点，最好地满足用户的需要。JITD 能够第一时间满足顾客需求，有效降低顾客的库存量。该方式避免了过多的供应链上总库存导致的诸多问题，并对分销网络的构建提出了新的要求。

PPS：生产拉动系统（production pull system）。PPS 是基于预测未来消耗，有计划地补充物料，专门面向汽车制造业在生产过程中物料实时请求与拉动的自动化信息系统。该系统主要由基本数据模块、整车追踪模块、物料消耗模块等组成，能够对厂内物料和供应商的生产进行实时拉动，同时对厂内的物料消耗进行统计，对主要零部件进行随车追踪。主要原理是根据涂装下线或总装上线车辆信息，按零件各自包装数，转换为拉动箱数，然后配送物料。

SPS：成套零件供应系统（set parts supply）。SPS 是一种成套供应模式，即单一散件合并起来集中供应，通过看板、安灯或者其他信息传输方式，将生产零件拉动信息传输至 SPS 操作区，操作人员根据系统输出的配料信息，将一台车份的零件配载到一台或多台料车上，按需求时间送至生产线指定投入点，生产线上料车与待装配车身同步移动，线边操作工只需把料车内的零件安装到对应车辆上即可，料车内零件全部装配完毕后，在指定点撤出。

TPS：丰田生产方式，是日本丰田汽车公司所创造的一套进行生产管理的方式、方法，以消除浪费、降低成本为目的，以准时化（JIT, just-in-time）和自动化为支柱，以改善活动为基础。

VMI：vendor managed inventory，供应商管理库存。它是一种以用户和供应商双方都获得最低成本为目的，在一个共同的协议下由供应商管理库存，并不断监督协议执行情况和修正协议内容，使库存管理得到持续改进的合作性策略。这种库存管理策略打破了传统的各自为政的库存管理模式，体现了供应链的集成化管理思想，适应市场变化的要求，是一种新的、有代表性的库存管理思想。

VSM：价值流图（value stream mapping）是丰田精实制造生产系统框架下的一种用来描述物流和信息流的形象化工具。它运用精实制造的工具和技术来帮助企业理解和精简生产流程。价值流图的作用是辨识和减少生产过程中的浪费。浪费在这里被定义为不能够为终端产品提供增值的任何活动，并经常用于说明生产过程中所减少的"浪费"总量。VSM可以作为管理人员、工程师、生产制造人员、流程规划人员、供应商以及顾客发现浪费、寻找浪费根源的起点。

精益生产（lean production, LP）：丰田生产方式（TPS）被定名为精益生产，主要强调客户真正需要的价值，即从客户需求角度出发定义价值流，定义一项产品或服务从概念到投产、从订单到交付客户所需的活动的顺序，识别一切不增值的活动并进行改善，让客户拉动企业创造价值。

精益物流：精益思想在物流管理中的应用，指通过消除生产和供应过程中的非增值浪费，以减少备货时间，提高客户满意度。精益物流需要消除的七种浪费：库存浪费、运输浪费、空间浪费、设施浪费、包装浪费、管理浪费、知识浪费。其目标是根据客户需求，提供客户满意的物流服务，同时追求把提供物流服务过程中的浪费和延迟降至最低程度，不断提高物流服务过程的增值效益。

看板管理：通过后工序从前工序领取零部件的"拉动方式"的方式。此种管理方式通过看板向最终装配线正确地通知所需的零部件的领取时间和数量。最终装配线就到前工序去，将装配产品所必需的零部件，在必需的时候，领取必需的数量。此后，前工序开始生产被后工序取走的那部分零部件。这样一来，各个零部件制造工序从它的前工序领取所必需的零件或材料，按顺序向前依次运行。因此，在某个月份中，就没有必要同时向所有的工序下达生产计划了。在产品的生产过程中，如果有变更生产计划的必要的话，只将变更传达到最终装配线就可以了。

Andon 系统：一套专业的生产线上的柔性自动化质量、物料控制和生产信息管理即时响应系统，是持续改善的精益生产管理系统工具。Andon 系统能控制和显示生产线上各工位上有关设备运行、产品质量、物料流向和相关的生产管理信息，实时统计生产线生产的质量状况、成品状况和生产设备的运行状况，确保产品质量和生产需求材料的适时供应，保持均衡生产。

敏捷制造（agile manufacturing, AM）：旨在提高企业快速应变能力和主动创新能力，强调企业的敏捷性。敏捷性是一种在无法预测的持续、快速变化的竞争环境中生存、发展并扩大其竞争优势的战略竞争能力，主要包括客户化的响应能力、全球化市场变化的响应能力、新产品开发能力、柔性生产能力、创新能力、企业内外的合作整合能力。

敏捷物流：敏捷思想在物流管理领域的具体应用，是在供应链一体化协同商务基础上，在合适的时间，将合适质量、合适数量的合适产品以合适的方式配送到合适地点，满足合适客户的准时化需要，从而实现成本与效率优化的物流活动。其出发点是"客户需要我做什么"，运作核心是"如何通过敏捷化服务提高客户价值"。

SMED：快速换模，又称单一作业切换策略，应用在换模作业中，由丰田公司顾问新乡重夫提出。它是指作业切换时间以分钟计且仅为一位数，也就是 9min59s 之内，目前丰田已经做到 1min 之内的快餐式作业切换。

ABC 管理法：又称重点管理法或分类管理法，是现代经济管理中广泛应用的一种现代化管理方法。它是运用数理统计方法，将管理对象根据其技术、经济等方面的特征，分成重点、次要和一般，即 A、B、C 三类，并根据各类的特点，采取相应管理方法，以抓住事物主要矛盾的一种定量科学分类管理技术。这样，既保证重点又照顾一般，可以达到最经济、最有效地使用人力、物力、财力的目的。

P-Lane：又称进度链，英文全称 progress lane，就是根据生产线的节奏，有节奏、有秩序地进行开捆。它一般分为 32 条链：以半小时作一个分割，白班 8 小时，共 16 链，晚班 8 小时，又是 16 链，合 32 条链。但并非 32 条链都用上，应根据生产计划安排。

大规模定制（mass customization，MC）：MC 是一种以客户需求为导向，以大规模生产的成本和速度为目标，以先进的制造技术、信息技术和管理技术为手段，在全面提高客户满意度而又不牺牲企业效益的前提下，实现客户个性化定制产品和服务的一种新生产方式。

CODP：customer order discoupling point，即客户订单分离点，由祁国宁、顾建新和李仁旺等提出，是企业生产运作活动中由基于预测的计划生产运作转向响应客户需求的定制生产运作的转换点。

按订单设计（design to order，DTO）：定制是从设计开始触发的。汽车总装厂在接到客户订单后，必须重新设计某些新的汽车零部件才可以满足客户订单需求，进行制造和装配后，向客户提供定制的个性化产品。在这种定制方式下，开发设计及其下游活动完全是由客户订单驱动的，包括其全部或部分产品设计、采购、零部件制造、装配和分销等活动。

按订单制造（make to order，MTO）：定制是从制造开始触发的。汽车总装厂接到客户订单后，在已有的零部件、模块的基础上进行变型设计、制造和装配后，向客户提供定制的个性化汽车产品。在这种定制方式下，产品的结构设计是固定的，变型设计及其下游的活动是由客户订单驱动的，包括采购、部分零部件和模块的变型制造、装配和销售等活动。

按订单装配（assemble to order，ATO）：定制是从装配开始触发的。汽车总装厂接到客户订单后，将通过预测生产的标准化库存零部件和模块进行组合装配，向客户提供定制的个性化汽车产品。在这种定制方式下，产品的设计和制造都是固定的，装配活动及其下游的活动是由客户订单驱动的，包括装配和销售等活动。

按订单销售（sale to order，STO）：定制是从销售开始触发的。汽车总装厂接到客户订单后，在产品销售阶段，客户根据个性化的要求从企业提供的众多标准化产品和服务中，选择当前最符合其需要的产品和服务。在这种定制方式下，产品的设计、制造和装配是固定的，不受客户订单的影响，销售及其下游的活动是由客户订单驱动的，包括销售和售后服务等活动。

汽车售后零部件物流服务：汽车使用过程中正常的保养、维修、大修，以及交通事故的维修所需要零部件物流服务。

RDC 接收电子显示系统：用电子显示系统控制供应商的送货频次，对有限的道口的送货频次、有限的道资源进行整合利用及管理，实现一体化信息物流管理模式。

5S 活动：整理（sort）、整顿（straighten）、清扫（shine）、清洁（standardise）、素养（sustain）。整理指区分生产现场必要和不必要的物品，将不必要的物品除去；整顿指使必要物品的放置标准化，易于识别、使用；清扫指打扫和擦拭，使生产场地和设备干净；清洁指持续保持整理、整顿和清扫的效果（标准化）；素养指养成自觉遵守生产场地纪律和秩序的习惯。5S 的目的是：降低成本；提高质量；提高产品多样性；提高安全性；降低废品率；提高交付可靠性。

OPT：最优生产技术（optimized production timetables，原指最优生产时刻表）。当市场需求超出了企业生产能力时，产品产出率会受到某些瓶颈工序的限制。OPT 的作用就是找出瓶颈工序，合理配置资源，实现同步生产。

TOC：约束理论（theory of constraints），指将整个生产系统看成一个链条，采用"击鼓 - 缓冲 - 绳索（drum-buffer-rope）"方法，通过分析链中最薄弱的环节来计划和控制整个生产系统，以实现运作目标。

全面质量管理（TQM）：一个组织以质量为中心，以全员参与为基础，目的在于让顾客满意和本组织所有成员及社会受益而达到长期成功的管理途径。 具体地说，全面质量管理就是以质量为中心，全体职工和有关部门积极参与，把专业技术、经济管理、数理统计和思想教育结合起来，建立起产品的研究、设计、生产、服务等全过程的质量体系，从而有效地利用人力、物力、财力和信息等资源，以最经济的手段生产出顾客满意、组织及其全体成员以及社会都得到好处的产品，从而使组织获得长期成功和发展。特点："三全一多样"，即全员性、全面性、全过程性，方法多种多样。

第 2 章
汽车发动机总成

2.1 发动机总成概述

2.1.1 发动机类型

常见的汽车发动机有汽油发动机与柴油发动机。这两种发动机最大的区别在于使用不同的燃料。因为燃料的特性不一样，所以它们的结构也有所区别。汽油机比柴油机多出点火系统。柴油机因为采用压燃的方式，不需点火，在气缸压缩温度达到着火点后即自行燃烧。

汽车发动机的分类及相关概念见图 2-1。

2.1.2 发动机组成

发动机是由曲柄连杆和配气机构，以及冷却、润滑、点火、燃料供给、启动系统等组成。发动机系统组成与部件构造，见图 2-2。

2.1.3 发动机密封件

发动机上的密封件种类繁多，材质各异。密封件的主要功用，就是将发动机上各种工作介质（比如气、水和机油）彼此分隔开并防止向外泄漏。因此，密封件必须在汽车整个寿命内能经受住腐蚀、高压和高温。密封件也传递力，比如缸体和缸盖之间的气缸盖密封垫，它对整个受力系统内部力的分布和部件变形具有重大影响。常见密封件部件如图 2-3 所示。

汽车发动机的分类

一、按燃料类别分
1.柴油发动机(欧款小汽车多用,此外,重型卡车和大客车也多用柴油机)
2.汽油发动机(小轿车用得多的发动机)
3. CNG发动机
4.LPG发动机,多用于公交客车上
5.汽油/CNG发动机,氢/汽油发动机

直列4缸水冷电控四行程
往复式汽油发动机

二、按做功行程分
1.四行程发动机(目前,绝大多数汽车发动机属于此类)
2.二行程发动机(现在,主要应用于摩托车)

三、按气缸数目分
1. 3缸发动机(少见,微型车中有用到,直列,如奇瑞QQ汽车配置的371型)
2.4缸发动机(当前汽车配置最多的一种发动机,为L直列式)
3.5缸发动机(少见,形式为直列)
4. 6、8、10、12缸发动机(多为V、W型,属于中高级、豪华轿车的配置,其中,V型6缸应用最为广泛)

V型6缸发动机的缸体

四、按气缸排列分
1.L直列发动机(多为3、4、5、6缸)
2.V型发动机(多为6、8、10、12缸)
3.W型发动机(多为12、24缸)
4.对置发动机
5.斜置发动机

五、按冷却方式分
1.水冷发动机(汽车发动机中最多的一种)
2.风冷发动机(多见于单、双缸的摩托车用发动机,汽车中跑车也有用到)

W型12缸6.0L发动机

六、按活塞形式分
1.往复活塞发动机(汽车发动机应用最多的一种)
2.转子活塞发动机(少见,马自达RX-8跑车有用到)

七、按供油方式分
1.化油器式发动机(早期汽车所用汽油发动机形式)
2.电控/喷发动机(现在,所有生产装配的发动机都是带电子控制的了)

保时捷跑车用对置式发动机

图2-1 汽车发动机分类及相关概念

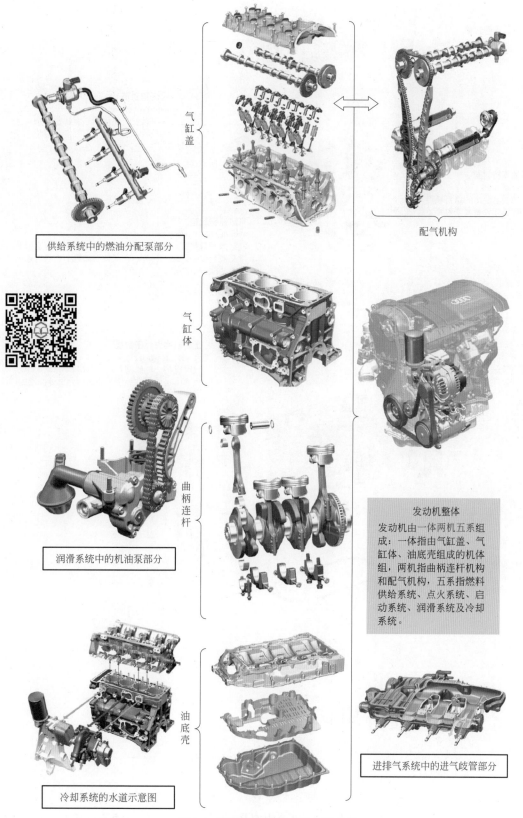

供给系统中的燃油分配泵部分

气缸盖

配气机构

气缸体

发动机整体

发动机由一体两机五系组成：一体指由气缸盖、气缸体、油底壳组成的机体组，两机指曲柄连杆机构和配气机构，五系指燃料供给系统、点火系统、启动系统、润滑系统及冷却系统。

曲柄连杆

润滑系统中的机油泵部分

油底壳

冷却系统的水道示意图

进排气系统中的进气歧管部分

图 2-2　发动机系统组成与部件构造

气缸盖罩密封垫
cylinder head cover gasket
气缸盖罩密封垫是由弹性材质制成的

歧管密封垫
manifold gasket
排气歧管上使用的是金属密封垫，进
气歧管上使用的是弹性体密封垫

喷油阀密封圈
injector seals
喷油阀上使用的是特氟隆
密封圈或者金属密封圈

气缸盖密封垫
cylinder head gasket
气缸盖密封垫在缸盖和缸体之间，用于密封燃烧室以及
冷却液和机油通道。另外，在某些发动机上，气缸盖密
封垫还起稳定功效

正时机构壳体密封垫
timing case gasket
正时机构一侧的密封由正时机构壳体来完成，
该壳体是铸铝件。使用的是有弹性体涂层的
金属板密封垫

密封法兰
sealing flange
在发动机的动力输出端，是由一个
带有曲轴径向密封圈的密封法兰来
负责密封的

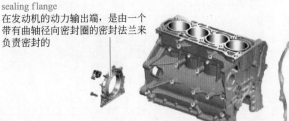

油底壳密封垫
oil pan gasket
使用常温固化型密封剂来将油底
壳与缸体密封

曲轴密封圈
shaft seal
曲轴密封圈可以更换

图 2-3　发动机密封件

2.2　曲柄连杆机构

2.2.1　机体组

发动机机体（cylinder block）主要由气缸体、气缸盖、气缸盖罩、气缸衬垫、主轴承盖以及油底壳等组成，如图 2-4 所示。机体组是发动机的支架，是曲柄连杆机构、配气机

构和发动机各系统主要零部件的装配基体。气缸盖用来封闭气缸顶部，并与活塞顶和气缸壁一起形成燃烧室。另外，气缸盖和机体内的水套和油道以及油底壳又分别是冷却系统和润滑系统的组成部分。

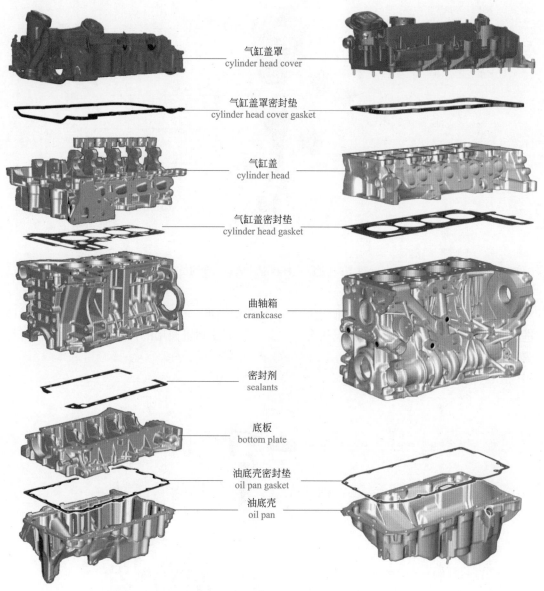

气缸盖罩
cylinder head cover

气缸盖罩密封垫
cylinder head cover gasket

气缸盖
cylinder head

气缸盖密封垫
cylinder head gasket

曲轴箱
crankcase

密封剂
sealants

底板
bottom plate

油底壳密封垫
oil pan gasket

油底壳
oil pan

图 2-4　发动机机体组配件概览

2.2.2　活塞连杆组

发动机活塞连杆组主要由活塞、活塞环、活塞销、连杆及连杆轴瓦等组成，如图 2-5 所示。该组件将活塞的往复运动转变为曲轴的旋转运动，同时将作用于活塞上的力转变为曲轴对外输出转矩，以驱动汽车车轮转动。它是发动机的传动件，把气体燃烧形成的压力传给曲轴，使曲轴旋转并输出动力。

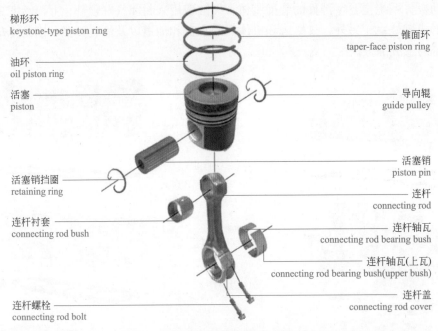

梯形环
keystone-type piston ring

锥面环
taper-face piston ring

油环
oil piston ring

活塞
piston

导向辊
guide pulley

活塞销
piston pin

活塞销挡圈
retaining ring

连杆
connecting rod

连杆衬套
connecting rod bush

连杆轴瓦
connecting rod bearing bush

连杆轴瓦(上瓦)
connecting rod bearing bush(upper bush)

连杆螺栓
connecting rod bolt

连杆盖
connecting rod cover

图 2-5　活塞连杆组配件概览（柴油机）

连杆是裂解式的，连杆大头使用的是二元无铅轴承（与主轴承一样）。另一个重大改进，就是省去了连杆小头内的青铜衬套。因此，整个发动机使用的都是无铅轴承。部件结构如图 2-6 所示。

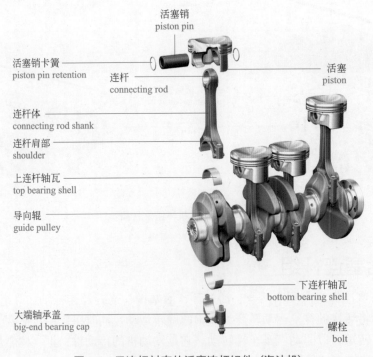

活塞销
piston pin

活塞销卡簧
piston pin retention

连杆
connecting rod

活塞
piston

连杆体
connecting rod shank

连杆肩部
shoulder

上连杆轴瓦
top bearing shell

导向辊
guide pulley

下连杆轴瓦
bottom bearing shell

大端轴承盖
big-end bearing cap

螺栓
bolt

图 2-6　无连杆衬套的活塞连杆组件（汽油机）

无连杆衬套的轴承首次用于轿车发动机上，这是德国奥迪公司的专利。活塞销在连杆内直接与钢体结合在一起，在活塞内直接与铝合金体结合在一起。为此，活塞销使用了一种专用的表面涂层，称为 DLC 涂层。

2.2.3　曲轴飞轮组

曲轴飞轮组主要由曲轴、飞轮以及其他起不同作用的零件和附件组成，如图 2-7 所示。其零件和附件的种类和数量取决于发动机的结构和性能要求。曲轴飞轮组的作用是：把活塞的往复运动转变为曲轴的旋转运动，为汽车的行驶和其他需要动力的机构（如配气机构、机油泵、水泵、风扇、发电机、空调压缩机等）输出转矩；同时还储存能量，用以克服非做功行程的阻力，使发动机运转平稳。

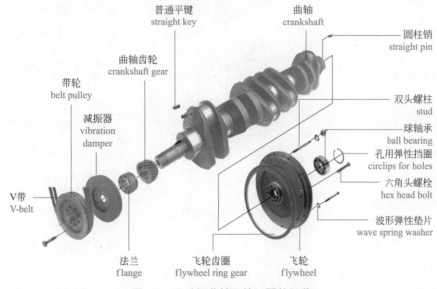

图 2-7　发动机曲轴飞轮组配件概览

2.3　配气机构与进排气系统

2.3.1　配气机构

发动机配气机构是按照发动机每一气缸内所进行的工作循环和点火顺序的要求，定时开启和关闭各气缸的进、排气门，使新鲜的可燃混合气（汽油机）或空气（柴油机）得以及时进入气缸，废气得以及时从气缸排出。在压缩与做功行程中，关闭气门以保证燃烧室的密封。

配气机构都可分为气门组和气门传动组两大部分，如图 2-8 所示。气门组包括气门及与之相关联的零件，其组成与配气机构的形式基本无关。气门传动组是从正时齿轮开始至推动气门动作的所有零件，其组成视配气机构的形式而有所不同，它的功用是定时驱动气门使其开闭。

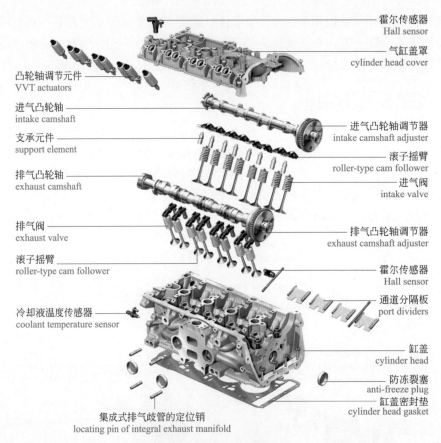

霍尔传感器
Hall sensor

气缸盖罩
cylinder head cover

凸轮轴调节元件
VVT actuators

进气凸轮轴
intake camshaft

进气凸轮轴调节器
intake camshaft adjuster

支承元件
support element

滚子摇臂
roller-type cam follower

排气凸轮轴
exhaust camshaft

进气阀
intake valve

排气阀
exhaust valve

排气凸轮轴调节器
exhaust camshaft adjuster

滚子摇臂
roller-type cam follower

霍尔传感器
Hall sensor

通道分隔板
port dividers

冷却液温度传感器
coolant temperature sensor

缸盖
cylinder head

防冻裂塞
anti-freeze plug

缸盖密封垫
cylinder head gasket

集成式排气歧管的定位销
locating pin of integral exhaust manifold

图 2-8　配气机构部件分解

气门组包括气门、气门导管、气门座及气门弹簧等零件，如图 2-9 所示。有的进气门还设有气门旋转机构，气门组应保证气门对气缸的密封性。

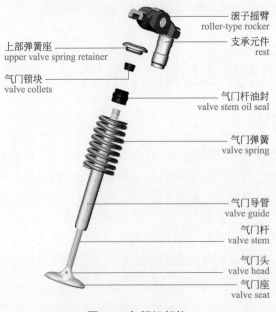

滚子摇臂
roller-type rocker

支承元件
rest

上部弹簧座
upper valve spring retainer

气门锁块
valve collets

气门杆油封
valve stem oil seal

气门弹簧
valve spring

气门导管
valve guide

气门杆
valve stem

气门头
valve head

气门座
valve seat

图 2-9　气门组部件

气门所承受的负荷是非常大的，气门工作时除了承受机械负荷外，还要承受热负荷和摩擦。因此对气门的结构和材质都是有相应要求的。比如有些气门是充钠的，以便更好地导热。排气门所承受的热负荷明显大于进气门，因为排气门几乎不会接触较凉的气体。排气门温度最高可达700℃，主要是通过气门座来散热。

2.3.2 链条（齿带）传动机构

凸轮轴的主要传动方式就是使用链传动机构。如果需要传递的力较大或者传力需要横跨的距离较大，就使用链传动机构。链条将曲轴上驱动轮的转动传给凸轮轴上的链轮。液压链条张紧器负责将链条持续张紧，这种链条张紧器对尽量降低链条磨损具有重要作用。

塑料制的导轨（或叫滑槽）用于引导链条并降低工作噪声。根据链条的走向路径，可能会使用多个链条张紧器。根据发动机的不同和要驱动的辅助系统数目的不同，所使用的链条机构数量也就不同。用于驱动辅助系统的链条机构，一般用机械式张紧元件来张紧。四缸汽油发动机正时链机构组成部件如图2-10所示。

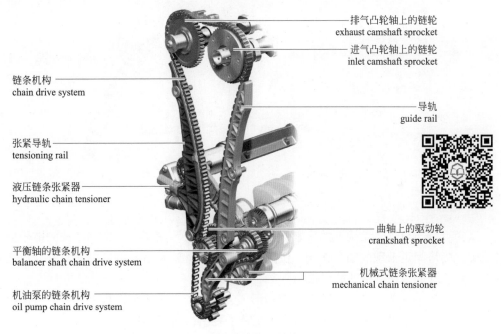

图 2-10　发动机链传动机构

根据发动机的复杂程度和要驱动的辅助系统数目的多少，所使用的链条机构数量不同。复合式链传动机构主要用于V型和W型发动机，其结构形式如图2-11所示。

根据对链传动机构要求的不同，使用不同形式的链条。链条分为滚子链链条、套筒链链条和齿形链链条。

滚子链的链节上有内链板和外链板，这两个元件构成了链节的框架，如图2-12（a）所示。链销负责把内链板和外链板彼此连接起来，另外，链销还负责将各个链节彼此连接起来。链销在轴套内，而轴套又在滚子内。滚子在套筒上贴着链轮齿廓滚动，因此周长上的不同部位会重复使用。滚子和轴套之间的润滑剂能起到降低噪声和减振的作用。

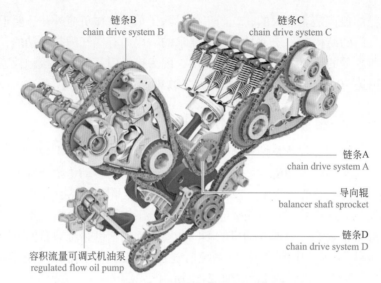

图 2-11 复合式链传动机构

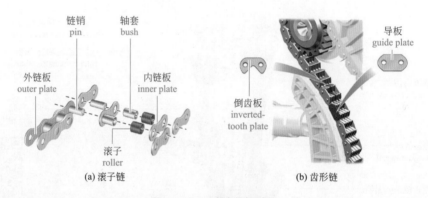

图 2-12 正时链局部结构

套筒链与滚子链结构上的区别，仅在于前者省去了滚子。在这种结构的链子上，链轮齿廓直接与固定不动的轴套在同一位置相接触，因此这种链条的良好润滑就显得特别重要了。套筒链链条在活结处磨损很小。

齿形链是一种效率极高的链条结构形式，使用所谓的齿形链板来传力。齿形链板叠加成多层并交错布置，侧面的导板用于防止链子脱出，如图 2-12（b）所示。

发动机在工作时，其上作用着各种力和力矩。这些力和力矩使得发动机振动，决定了工作平稳性和部件负荷状况。如果因发动机悬置，没有形成良好的支承而导致振动传到车身上，那么行驶舒适性将大受影响。发动机工作时产生的力分为一阶力和二阶力。一阶力是惯性力，是由转动部件的离心力产生的，曲轴可以通过安装平衡配重和曲拐来抵消这种力。而二阶力就需要通过专门的措施来进行抵消了。二阶力是由于曲柄连杆机构部件平移而产生的，其应对措施就是使用平衡轴。平衡轴一般通过齿轮或者链条由曲轴直接驱动。平衡轴的转速是曲轴转速的两倍，一根平衡轴与曲轴转动方向相同，另一根平衡轴通过一个中间齿轮按与曲轴转动方向相反方向转动。平衡轴结构形式如图 2-13 所示。

平衡轴可以直接安装在缸体内，或者合成一个单独的平衡轴模块。平衡轴和中间齿轮轴向和径向都是使用滚子轴承，如图 2-14 所示。轴承是通过缸体内的机油油雾来润滑的。

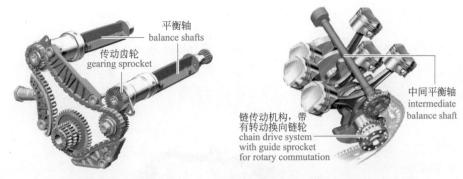

(a) 通过两根平衡轴来抵消振动　　　　　　(b) 通过一根中间平衡轴来抵消振动

图 2-13　通过平衡轴来抵消振动

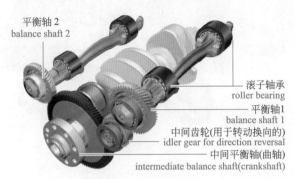

图 2-14　平衡轴模块

驱动凸轮轴的方法除了使用钢链以外，还可以使用齿形带。齿形带机构用塑料带来将凸轮轴和曲轴连在一起以便驱动。张紧轮负责给带预紧，以便可靠工作。齿形带机构还驱动其他部件，比如水泵。张紧轮和导向轮上有凸缘，可防止齿形带脱出。四缸汽油发动机正时带驱动机构组成部件如图 2-15 所示。

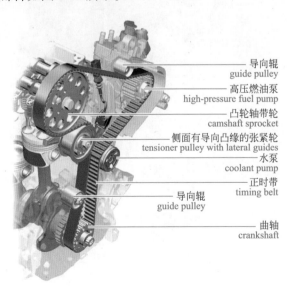

图 2-15　正时带的结构

2.3.3 进气系统

进气系统由空气滤清器、空气流量计、进气压力传感器、节气门体、附加空气阀、怠速控制阀、谐振腔、动力腔、进气歧管等组成，如图2-16所示。带有涡轮增压功能的发动机，除增压器外，还配置增压空气冷却器、增压调节器等部件。

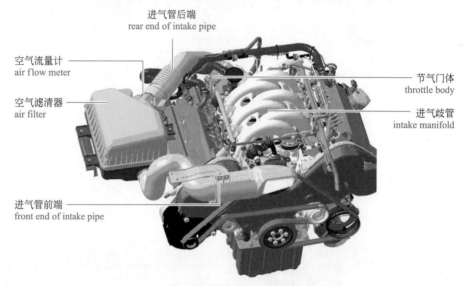

进气管后端
rear end of intake pipe

空气流量计
air flow meter

空气滤清器
air filter

进气管前端
front end of intake pipe

节气门体
throttle body

进气歧管
intake manifold

图 2-16　发动机进气系统部件（自然吸气型）

横置发动机空气进气系统部件分布如图2-17所示。

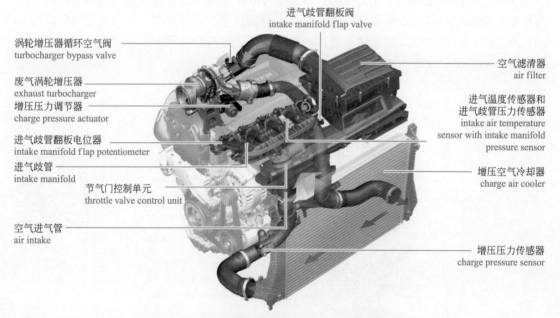

进气歧管翻板阀
intake manifold flap valve

涡轮增压器循环空气阀
turbocharger bypass valve

废气涡轮增压器
exhaust turbocharger

增压压力调节器
charge pressure actuator

进气歧管翻板电位器
intake manifold flap potentiometer

进气歧管
intake manifold

节气门控制单元
throttle valve control unit

空气进气管
air intake

空气滤清器
air filter

进气温度传感器和
进气歧管压力传感器
intake air temperature
sensor with intake manifold
pressure sensor

增压空气冷却器
charge air cooler

增压压力传感器
charge pressure sensor

图 2-17　横置（涡轮增压型）发动机空气进气系统

纵置发动机空气进气系统部件分布如图2-18所示。

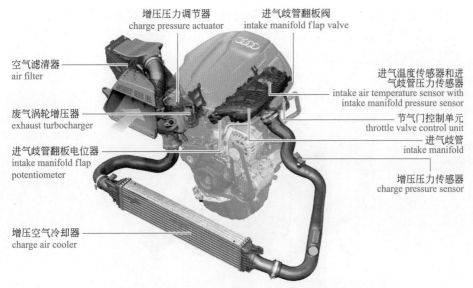

图 2-18　纵置（涡轮增压型）发动机空气进气系统

2.3.4　排气系统

排气系统一般都布置在车底部，它由多个部件组成，要承担一系列任务。

从燃烧室出来的废气具有很大的冲量，排气系统必须要削弱这个冲量，使之不超过一定的噪声水平。同时，还要保证发动机功率损失尽可能小。要可靠地引走废气，防止废气渗入驾驶室内。将废气中所含的有害物质降低到规定值水平。限制排气噪声，并形成所期望的噪声音响效果。

排气系统大致由下述元件组成：排气管，排气歧管，外置排气歧管，集成式排气歧管，排气歧管-废气涡轮增压器模块，催化转化器，三元催化转化器（汽油机），氧化式催化转化器（柴油机），柴油微尘过滤器（柴油机），选择性催化还原技术（SCR）（柴油机），隔离元件，消声器，反射式消声器，吸收式消声器，排气控制阀，催化转化器前的氧传感器，催化转化器后的氧传感器，三元催化转化器（前置的），三元催化转化器隔离元件，中间消声器，后消声器。排气系统组成部件如图 2-19 所示。

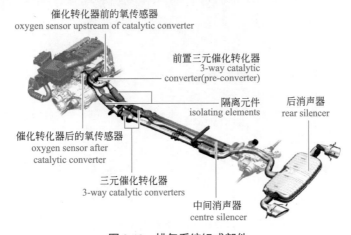

图 2-19　排气系统组成部件

柴油机工作时，其燃油 - 空气混合气中的氧是过量的，这使得废气中氧浓度很高。因此，催化转化器就不需要氧传感器来调节氧含量了。为了能转换不同的有害物质，柴油发动机上配备了多种催化转化器，每种执行不同的功能。催化转化器内部构造如图 2-20 所示。

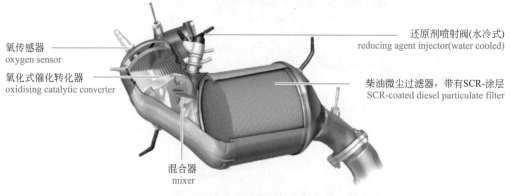

图 2-20　柴油机排气催化转化器

2.3.5　涡轮增压器与机械增压器

汽车的动力系统按进气方式可分为自然进气系统及增压进气系统两大类。最常见的发动机增压系统有机械增压与废气涡轮增压两种。利用发动机废气能量驱动涡轮增压器，称为废气涡轮增压（简称涡轮增压），如图 2-21 所示。发动机以机械方式驱动机械增压器进行增压，称为机械增压，如图 2-22 所示。

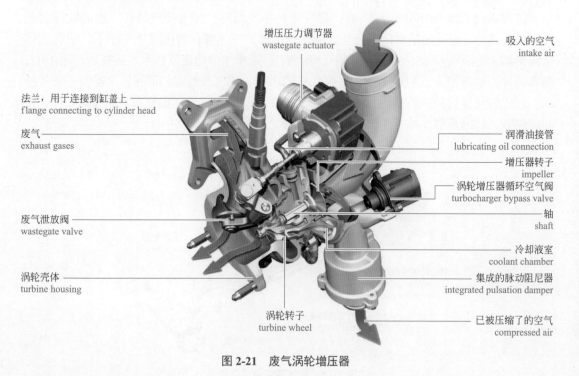

图 2-21　废气涡轮增压器

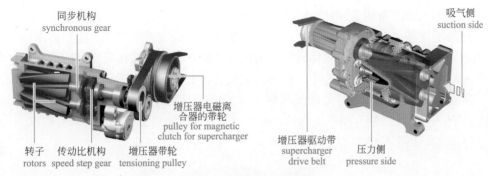

图 2-22 机械增压器结构

同步机构 synchronous gear

吸气侧 suction side

增压器电磁离合器的带轮 pulley for magnetic clutch for supercharger

转子 rotors　传动比机构 speed step gear　增压器带轮 tensioning pulley

增压器驱动带 supercharger drive belt　压力侧 pressure side

（1）涡轮增压器

涡轮增压器实际上是一种空气压缩机，通过压缩空气来增加进气量。它是利用发动机排出的废气惯性冲力来推动涡轮室内的涡轮，涡轮又带动同轴的叶轮，叶轮压送由空气滤清器管道送来的空气，使之增压进入气缸。当发动机转速增大时，废气排出速度与涡轮转速也同步增加，叶轮就压缩更多的空气进入气缸，空气的压力和密度增大从而可以燃烧更多的燃料，相应增加燃料量并调整发动机的转速，就可以增加发动机的输出功率了。

（2）机械增压器

机械增压器是一种强制性容积置换泵，简称容积泵。它跟涡轮增压器一样，可以增加进气管内的空气压力和密度，往发动机内压入更多的空气，使发动机每个循环可以燃烧更多的燃油，从而提高发动机的升功率和平均有效压力，使汽车动力性、燃油经济性和排放都得到改善。机械增压器本质上是一台罗茨鼓风机。

罗茨式增压器属于机械增压器的类型之一。"罗茨式增压器"这个名称来源于Philander 和 Francis Roots 兄弟，他们在 1860 年就将此技术申请专利了。罗茨式增压器的结构形式就是旋转活塞式机构，按容积泵原理工作，无内部压缩。增压器模块（罗茨式增压器）内集成有罗茨式鼓风机和增压空气冷却系统，在某些发动机上还有旁通调节装置。

增压器模块有个壳体，壳体内有两个转子在转动，如图 2-23 所示。

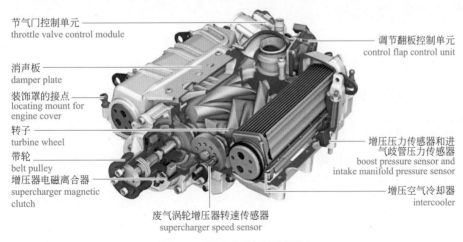

节气门控制单元 throttle valve control module

调节翻板控制单元 control flap control unit

消声板 damper plate

装饰罩的接点 locating mount for engine cover

转子 turbine wheel

带轮 belt pulley

增压器电磁离合器 supercharger magnetic clutch

废气涡轮增压器转速传感器 supercharger speed sensor

增压压力传感器和进气歧管压力传感器 boost pressure sensor and intake manifold pressure sensor

增压空气冷却器 intercooler

图 2-23　罗茨式增压器剖视图

罗茨式增压器配备的是四叶型转子，两个转子的每个叶片相对于纵轴扭转160°，因此可实现连续而少波动的空气供给模式。两个转子采用机械式驱动形式，比如由曲轴通过带机构来驱动。这两个转子通过壳体外的一对齿轮来同步连接并按相反方向转动。于是两个转子就相互啮合了。在这种结构中，重要的是转子彼此间和与壳体间要密封。其困难之处在于：摩擦要尽可能小（要尽可能没摩擦）。在工作时（转子在转动），空气由叶片和外壁之间从空气入口（吸气侧）向空气出口（压力侧）输送。输送空气的压力来自回流。

罗茨式增压器部件分解如图2-24所示。

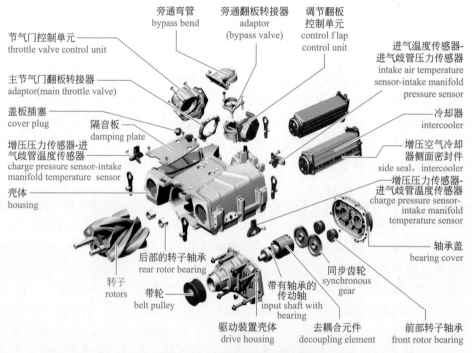

图 2-24 罗茨式增压器分解图

2.4 燃油系统

2.4.1 汽油供给系统

燃油系统由燃油供给系统和燃油混合气制备装置组成。燃油供给系统负责将燃油从燃油箱输送至发动机，不同车辆的燃油供给系统不同。燃油混合气制备装置是发动机的组成部分，负责为每次燃烧过程提供准确的燃油量。

燃油供给系统组成：燃油箱、输油管、回油管、燃油泵、燃油滤清器、燃油量控制阀、燃油喷射器、高压泵、高压油轨等。汽油机燃料供给系统的任务是根据发动机各种工况的要求，配制出一定数量和浓度的可燃混合气，供入气缸，使之在临近压缩终了时点火燃烧而膨胀做功。最后，供给系统还应将燃烧产物——废气排入大气中。燃油系统组成部件如图2-25所示。

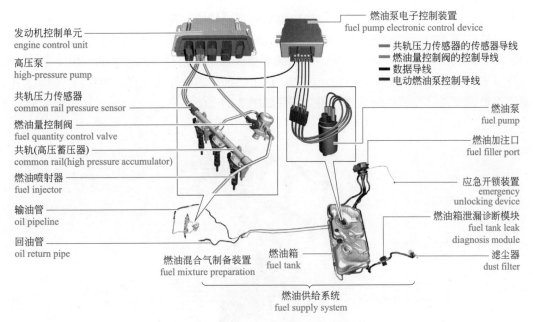

图 2-25 直喷汽油机燃油系统组成部件

双喷射系统，也就是说有两种油气混合方法。第一种方法是使用 TSI 高压喷射系统在气缸内进行直接喷射。第二种方法是使用进气歧管燃油喷射系统（SRE）。图 2-26 中蓝色喷嘴即为缸外喷射，喷射位置为进气管末端位置；红色喷嘴即为缸内喷射，喷射位置为气缸内部。

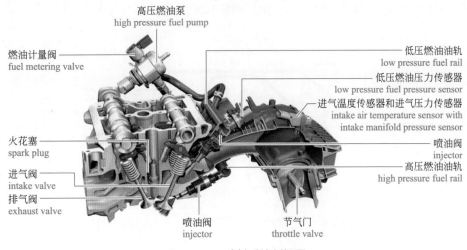

图 2-26 双喷射系统剖视图

2.4.2 柴油供给系统

柴油机燃料供给系统主要由燃油供给装置、空气供给装置、混合气形成装置和废气排出装置四部分组成。柴油机燃料供给系统的功用是：不断向发动机供给经过滤清的清洁燃料和空气，即根据柴油机不同工况的要求，将一定量的柴油以一定压力和喷油质量定时喷入燃烧室，使其与空气迅速混合并燃烧，做功后将燃烧废气排出气缸。

共轨喷射系统是柴油机上使用的一种高压喷射系统。共轨的意思是所有喷油阀使用共同的高压油轨。在这种喷射系统中，压力的产生和燃油喷射是彼此分开的。用一个单独的高压泵来产生燃油喷射所需要的燃油压力，这个燃油压力就储存在高压储存器（油轨）中，通过很短的喷油管直接供喷油阀使用。部件如图 2-27 所示。

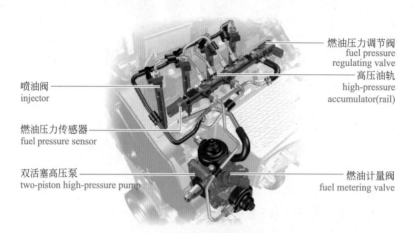

图 2-27　燃油喷射系统部件

喷油阀是压电式的或者电磁式的。共轨喷射系统通过发动机管理系统 Bosch EDC 17 来控制。根据发动机功率和结构形式，最高油轨压力可达 1800 ～ 2000bar（1bar=10^5Pa），配有相应的喷嘴口形状。这个高压是由铝壳的高压泵产生的，该泵有 1 或 2 个柱塞。所使用的泵是 CP4.1 或者 CP4.2。燃油供给系统如图 2-28 所示。

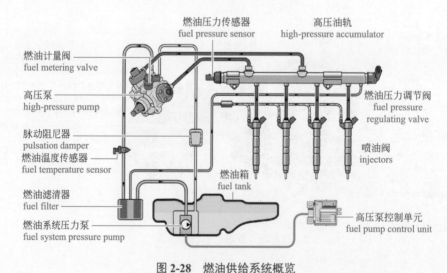

图 2-28　燃油供给系统概览

2.4.3　柴油机后处理系统

后处理系统是废气再循环系统的一部分，系统组成如图 2-29 所示。借助去 NO_x- 催化转化器的帮助以及使用还原剂，就可以把氧化式催化转化器和柴油微尘过滤器没能处理掉的氮氧化物转化成氮气和水。

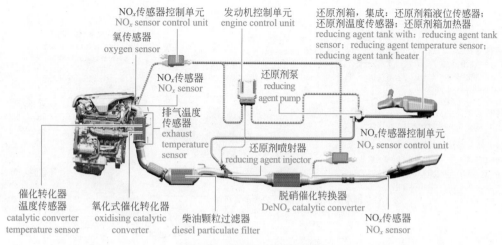

图 2-29　柴油机后处理系统

有些柴油发动机上，使用了废气净化模块，部件构造如图 2-30 所示。这种模块将氧化式催化转化器和柴油微尘过滤器合成为一个部件，于是这两个装置就可以安装在发动机附近了，因此也就可以让废气净化模块很快达到其正常工作温度。为了存储废气中的氮氧化物，就将氧化式催化转化器设计成 NO_x 存储式催化转化器。

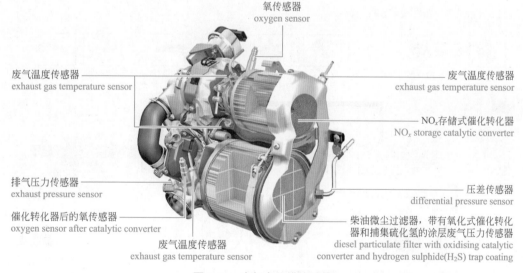

图 2-30　废气净化模块结构

废气再处理系统由这些部件组成：还原剂箱系统（带有水冷式还原剂喷射阀），一个安装在发动机附近的加热式催化转化器，一个有 SCR- 涂层的柴油微尘过滤器和一个捕集式催化转化器（在主消声器前）。

涡轮增压器前、后多个温度传感器、氧化式催化转化器、柴油微尘过滤器以及氧传感器和 NO_x 传感器，都安装在排气系统上。通过传感器来控制废气再处理过程。系统组成如图 2-31 所示。

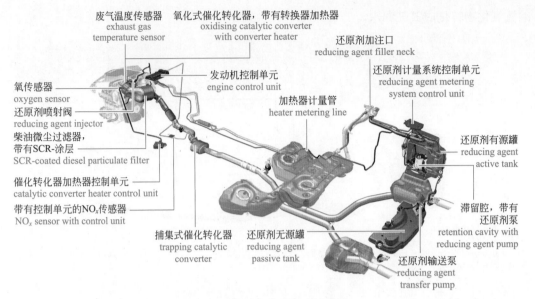

废气温度传感器
exhaust gas
temperature sensor

氧化式催化转化器，带有转换器加热器
oxidising catalytic converter
with converter heater

还原剂加注口
reducing agent filler neck

氧传感器
oxygen sensor

发动机控制单元
engine control unit

还原剂计量系统控制单元
reducing agent metering
system control unit

还原剂喷射阀
reducing agent injector

加热器计量管
heater metering line

还原剂有源罐
reducing agent
active tank

柴油微尘过滤器，
带有SCR-涂层
SCR-coated diesel particulate filter

催化转化器加热器控制单元
catalytic converter heater control unit

滞留腔，带有
还原剂泵
retention cavity with
reducing agent pump

带有控制单元的NO_x传感器
NO_x sensor with control unit

捕集式催化转化器
trapping catalytic
converter

还原剂无源罐
reducing agent
passive tank

还原剂输送泵
reducing agent
transfer pump

图 2-31　柴油机废气再处理系统

2.4.4　电控燃油喷射系统

电控燃油喷射（electronic fuel injection，EFI）系统全称为电子控制燃油喷射系统，俗称汽油喷射。它主要由空气供给系统（气路）、燃料供给系统（油路）和控制系统（电路）三大部分组成，如图 2-32 所示。

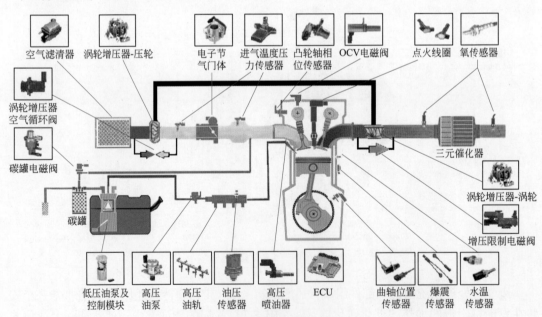

空气滤清器　涡轮增压器-压轮　电子节气门体　进气温度压力传感器　凸轮轴相位传感器　OCV电磁阀　点火线圈　氧传感器

涡轮增压器空气循环阀

碳罐电磁阀

碳罐

三元催化器

涡轮增压器-涡轮

增压限制电磁阀

低压油泵及控制模块　高压油泵　高压油轨　油压传感器　高压喷油器　ECU　曲轴位置传感器　爆震传感器　水温传感器

图 2-32　发动机电控燃油喷射系统

空气供给系统的主要作用：为发动机提供必要的空气，并控制发动机正常工作时的供气量。它一般由空气滤清器、节气门、空气阀、进气总管、进气歧管等部分组成。另外，为了随时调节进气量，进气系统中还设置了进气量的检测装置。

燃油供给系统的主要作用：喷油器向气缸提供燃烧所需要的燃油，根据电脑指令喷油。它一般由燃油箱、燃油泵、燃油滤清器、调压器以及喷油器构成。

控制系统的主要作用：根据各种传感器的信号，由计算机进行综合分析和处理，通过执行装置控制喷油量等，使发动机具有最佳性能。控制系统主要由传感器、输入/输出电路以及微机等组成。电子控制单元（electronic control unit，ECU）是控制系统的核心。

2.5 燃气供给系统

2.5.1 CNG 供给系统

CNG（compressed natural gas）即压缩天然气，是加压并以气态储存在容器中的天然气。压缩天然气除了可以用油田及天然气田里的天然气外，还可以用人工制造的生物沼气（主要成分是甲烷）。

CNG 发动机，顾名思义就是燃料为 CNG（压缩天然气）的发动机（一般应用于大型车、客车）。CNG 汽车属于燃料汽车，是利用可燃气体做能源驱动的汽车。

有的乘用车使用 CNG 和汽油两种燃料：采用定型的汽油型汽车改装，在保留原车供油系统的基础上，增加一套车用压缩天然气装置，可燃用压缩天然气，也可燃用汽油，油气两种燃料转换非常方便。

车用压缩天然气装置由以下三个系统组成。

① 天然气储气系统：主要由充气阀、高压截止阀、天然气储气瓶、高压管线、高压接头、压力传感器及气量显示器等组成。

② 天然气供给系统：主要由天然气滤清器、减压调节器、动力调节阀、混合器等组成。

③ 油气燃料转换系统：主要由油气燃料转换开头、天然气电磁阀、汽油电磁阀等组成。

CNG 汽车工作原理如图 2-33 所示。

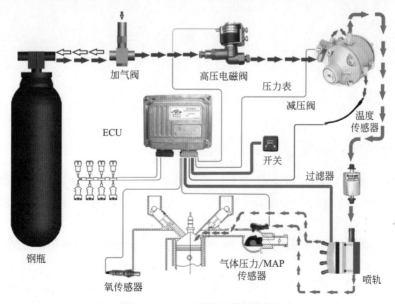

图 2-33 CNG 汽车工作原理图

2.5.2　LNG 供给系统

天然气的主要成分就是烷烃，甲烷占百分比最大，其沸点为 -161.5℃，在 20MPa 压缩条件下是 CNG（压缩天然气），在 -162℃ 以下隔热状态条件下就是 LNG（液化天然气）。

LNG 汽车的燃气系统由 LNG 气瓶、电控调压器、气化器、液位仪、空气滤清器、安全装置（如过流阀、安全阀和防爆片）以及一系列阀件（如充液阀、截止阀和单向阀等）组成。当发动机启动时，阀门打开，LNG 气瓶内的液化天然气依靠气瓶自身的压力，通过控制阀和燃料限流阀进入气化器中。气化器通过发动机回水来对 LNG 进行加热，在气化器中液化天然气变成气态天然气。LNG 系统工作原理如图 2-34 所示。

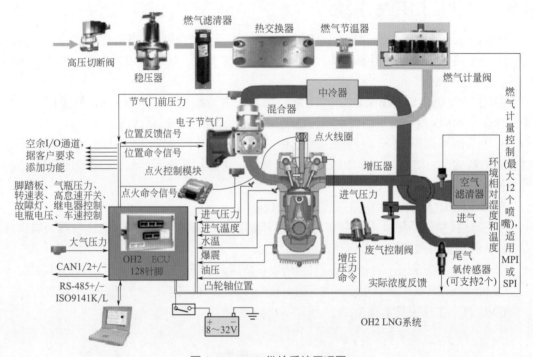

图 2-34　LNG 供给系统原理图

2.6　点火系统

2.6.1　传统点火系统

汽车点火系统是点燃式发动机为了正常工作，按照各缸点火次序，定时地供给火花塞以足够高能量的高压电（15000 ～ 30000V），使火花塞产生足够强的火花，点燃可燃混合气。

传统点火系统分为蓄电池点火系（battery-operated ignition）和磁电机点火系（magneto systems）两种类型。

机械式点火系统工作过程是由曲轴带动分电器轴转动，分电器轴上的凸轮转动，使点火线圈初级触点接通与闭合而产生高压电。这个点火高压电通过分电器轴上的分火头，根据发动机工作要求按顺序被送到各个气缸的火花塞上，火花塞发出电火花点燃燃烧室内的气体。传统点火系统主要组成如图 2-35 所示。

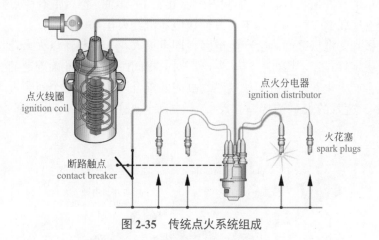

图 2-35　传统点火系统组成

2.6.2　电控点火系统

现代汽车上，使用的是纯电子点火系统，这种系统上不再有任何活动部件，也就是没有用于分配点火火花的分火头了，因此也被称作"静止式点火系统"。

电子点火系统（electronic ignition system）可分为晶体管点火系 TI-B（breaker-triggered transistorized ignition）、半导体点火系 SI（semiconductor ignition）和无分电器点火系 DIS（distributorless ignition system）三种类型。

电子点火系统也有闭环控制与开环控制之分：带有爆震传感器，能根据发动机是否发生爆震及时修正点火提前角的电控系统称为闭环控制系统；不带爆震传感器，点火提前控制仅根据电控单元内设定的程序控制的称为开环控制系统。

无分电器点火系每个气缸一般有自己专用的点火线圈，该线圈就安装在火花塞上方，由控制单元来操控。发动机控制单元（一般还负责控制喷油阀）根据存储的 3D 特性曲线，按下述传感器信号来计算出理想的点火点：发动机转速；发动机负荷；发动机温度；爆震传感器信号（如果有的话）。电子点火系统组成部件如图 2-36 所示。

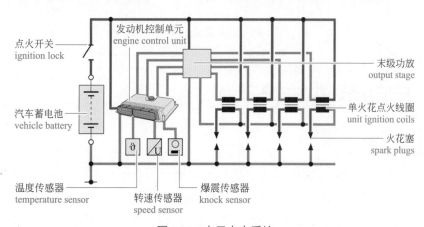

图 2-36　电子点火系统

2.6.3 火花塞

汽油发动机的火花塞负责在做功行程中将气缸内的燃油 - 空气混合气点燃。为此，需要在接线端子上加载 30 ～ 40kV 的电压并使该电压流经火花塞。

在中央电极和侧电极之间就会产生电弧，即点火火花。要想让点火火花足够强，电极间距离就起着决定性作用。因此，汽车生产厂对电极间距离是有准确规定的。如果这个间距过大，就不会产生火花，也就无法点燃气缸内的混合气。如果这个间距过小，那么火花一般也会过小，这时的火焰前锋就过小，无法完全点燃混合气。火花塞构造如图 2-37所示。

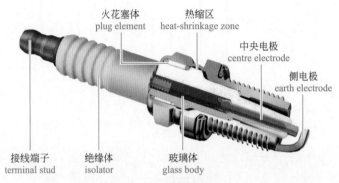

图 2-37　火花塞内部结构

并非所有火花塞都在用顶极型结构，越来越多的火花塞采用的是多侧极型结构。也有将顶极型结构与侧极型结构结合在一起使用的，被称作混合型结构。火花塞结构形式如图 2-38 所示。如今，火花塞带有 4 个或者 3 个电极是很普遍的，这样的好处是：可将热负荷分摊在多个侧电极上，这可明显提高耐用度。

图 2-38　各种类型的火花塞

2.7　启动系统与起动机

2.7.1　启动系统

启动系统将储存在蓄电池内的电能转换为机械能，要实现这种转换，必须使用起动机。起动机的功用是由直流电动机产生动力，经传动机构带动发动机曲轴转动，从而实现发动机的启动。启动系统包括以下部件：蓄电池、点火开关（启动开关）、起动机总成、启动继电器等，如图 2-39 所示。

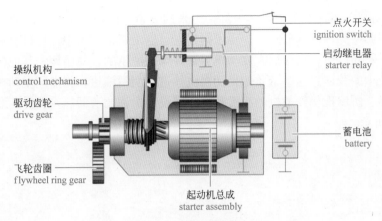

图 2-39　启动系统组成

2.7.2　起动机

　　起动机可以将蓄电池的电能转化为机械能，驱动发动机飞轮旋转，实现发动机的启动。发动机在以自身动力运转之前，必须借助外力旋转。发动机借助外力由静止状态过渡到能自行运转的过程，称为发动机的启动。起动机是启动系统的核心部件。起动机由直流串励电动机、传动机构和控制装置三大部分组成。电动机包括必要的电枢、换向器、磁极、电刷、轴承和外壳等部件。起动机内部结构如图 2-40 所示。

图 2-40　汽车起动机结构

2.8　润滑系统

2.8.1　润滑系统概述

　　发动机润滑系统的基本任务就是将清洁的、具有一定压力的、温度适宜的机油不断供给运动零件的摩擦表面，使发动机能够正常工作。为此，压力润滑系统中必须具有为进行压力润滑和保证机油循环而建立足够油压的机油泵、贮存机油的容器（一般利用油底壳贮油）、由润滑油管以及在发动机机体上加工出来的一系列润滑油道组成的循环油路。油路中还必须有限制最高油压的装置——限压阀，它可以附于机油泵中，也可以单独设置。机油在工作一段时间以后，其中混有发动机零部件摩擦产生的金属磨屑和其他机械杂质，以及机油本身产生的胶质，这些杂质如果随同机油进入润滑油道，将加速发动机的磨损，还可能堵塞油路，所以现代发动机的润滑系统中都设有机油滤清器。发动机润滑系统组成部件如图2-41所示。

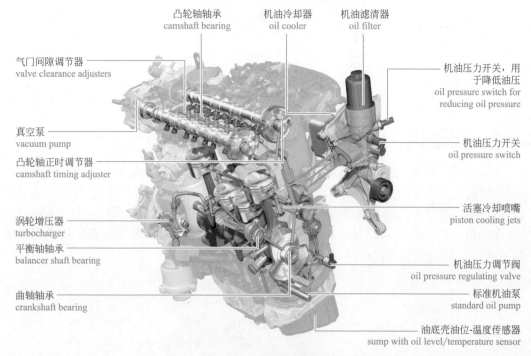

凸轮轴轴承 camshaft bearing
机油冷却器 oil cooler
机油滤清器 oil filter

气门间隙调节器 valve clearance adjusters

真空泵 vacuum pump

凸轮轴正时调节器 camshaft timing adjuster

涡轮增压器 turbocharger

平衡轴轴承 balancer shaft bearing

曲轴承 crankshaft bearing

机油压力开关，用于降低油压 oil pressure switch for reducing oil pressure

机油压力开关 oil pressure switch

活塞冷却喷嘴 piston cooling jets

机油压力调节阀 oil pressure regulating valve

标准机油泵 standard oil pump

油底壳油位-温度传感器 sump with oil level/temperature sensor

图 2-41　发动机润滑系统

2.8.2　机油泵与机油滤清器

机油泵的作用是将机油压力提高到一定程度后，强制地将机油压送到发动机各零件的运动表面上。机油泵按结构形式可以分为齿轮式和转子式两类。齿轮式机油泵又分为内齿轮式和外齿轮式，一般把后者称为齿轮式油泵，如图2-42、图2-43所示。

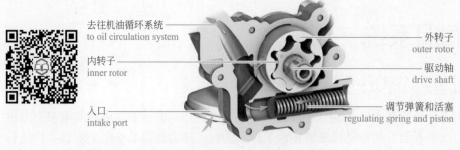

去往机油循环系统 to oil circulation system

内转子 inner rotor

入口 intake port

外转子 outer rotor

驱动轴 drive shaft

调节弹簧和活塞 regulating spring and piston

图 2-42　内齿轮式机油泵

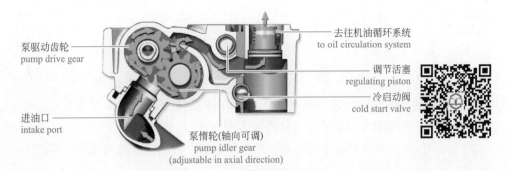

图 2-43　外齿轮式机油泵

转子式机油泵内部结构如图 2-44 所示。

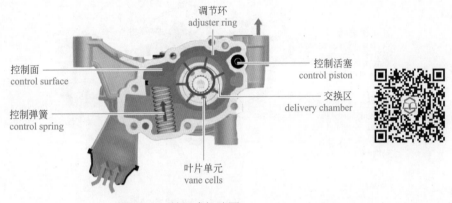

图 2-44　转子式机油泵

机油滤清器，又称机油格，用于去除机油中的灰尘、金属颗粒、碳沉淀物和煤烟颗粒等杂质，保护发动机。机油滤清器有全流式与分流式之分。全流式滤清器串联于机油泵和主油道之间，因此能滤清进入主油道的全部润滑油。分流式滤清器与主油道并联，仅过滤机油泵送出的部分润滑油。机油滤清器结构如图 2-45 所示。

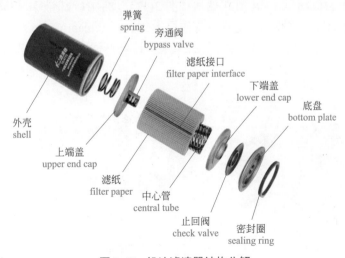

图 2-45　机油滤清器结构分解

2.9 冷却系统

2.9.1 冷却系统概述

汽车发动机采用的水冷系统，大都利用水泵强制冷却液在冷却系统中循环流动，一般称为强制循环式水冷系统。冷却系统主要由水泵、散热器、冷却风扇、补偿水箱、节温器、发动机机体和气缸盖中的水套以及附属装置等组成。系统组成部件如图 2-46 所示。

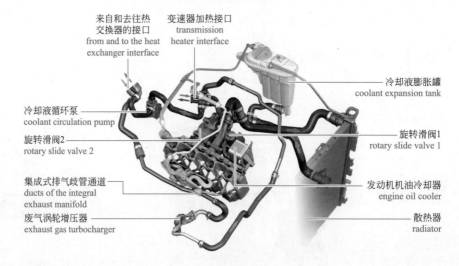

图 2-46　发动机冷却系统

在冷却系统中，有两个散热循环：一个是冷却发动机的主循环；另一个是车内取暖循环。这两个循环都以发动机为中心，使用同一冷却液。

2.9.2 冷却系统部件

冷却液泵分为机械式和电动式两种（图 2-47）。机械冷却液泵（mechanical coolant pump）通过带传动机构来驱动。电动冷却液泵（electric coolant pump）不仅可以设计为主冷却液泵，也可设计为附加冷却液泵，可以安装在冷却液回路中的不同部位。

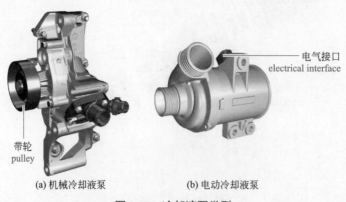

(a) 机械冷却液泵　　　　　　　　(b) 电动冷却液泵

图 2-47　冷却液泵类型

节温器负责引导冷却液通过冷却液散热器内部或在其旁边通过，因此可以调节冷却液温度。这种调节方式可分为三个运行模式：节温器关闭、节温器打开、节温器调节范围。

在组合特性曲线式节温器中使用存储在发动机控制单元内的数据（组合特性曲线）来控制加热元件。通过这个加热元件可以改变石蜡元件的温度，从而改变节温器的位置。组合特性曲线式节温器的识别标志是电气接口，如图2-48所示。

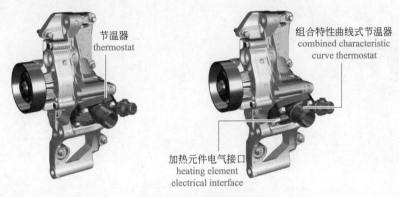

节温器
thermostat

组合特性曲线式节温器
combined characteristic
curve thermostat

加热元件电气接口
heating element
electrical interface

图 2-48　节温器形式

热量管理模块是电力驱动的节温器，替代了组合特性曲线式节温器。借助旋转滑阀可以无级增大和减小不同冷却通道的开启横截面。因此可针对相应运行点调整流量。在此由一个位置传感器监控旋转滑阀的位置。部件结构形式如图2-49所示。

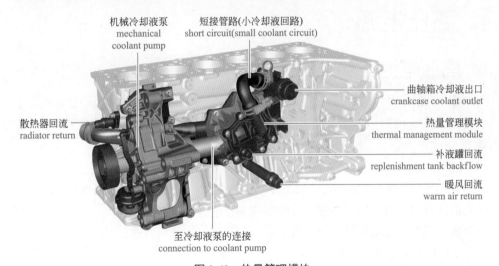

机械冷却液泵
mechanical
coolant pump

短接管路(小冷却液回路)
short circuit(small coolant circuit)

曲轴箱冷却液出口
crankcase coolant outlet

热量管理模块
thermal management module

补液罐回流
replenishment tank backflow

暖风回流
warm air return

散热器回流
radiator return

至冷却液泵的连接
connection to coolant pump

图 2-49　热量管理模块

第3章
汽车新能源系统

3.1 高压电源

3.1.1 高压电池

高压电池也叫动力电池，这是区别于传统 12V 车载供电的低压蓄电池的称呼。高压电池的电芯目前选用三元锂电池的为多，其次为铁锂电池、镍氢电池、氢燃料电池等。

（1）三元锂电池

三元锂电池（ternary lithium battery），是指以镍钴锰酸锂或镍钴铝酸锂为正极材料，以石墨为负极材料，以六氟磷酸锂为主的锂盐作为电解质的锂电池。三元锂电池以其正极材料来命名，因为其正极材料包含了镍、钴、锰 / 铝三种金属元素，所以得名"三元"。高压电池模块部件分解如图 3-1 所示。

三元锂电池主要有镍钴锰（NCM）和镍钴铝（NCA）两条技术路线。国内新能源汽车主要配套 NCM 电池，以方形和软包为主，从早期的镍、钴、锰比例 5∶2∶3 逐渐发展为高镍体系的 8∶1∶1，成本更低，能量密度更高。NCA 的性能更加优越。松下公司生产的圆柱形 NCA18650、21700 主要供应特斯拉，系统能量密度最高甚至达到 300Wh/kg。高压电池包组成如图 3-2 所示。

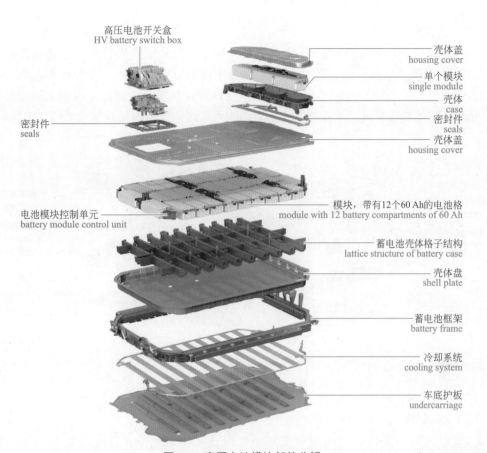

图 3-1　高压电池模块部件分解

Labels in figure 3-1:
- 高压电池开关盒 HV battery switch box
- 壳体盖 housing cover
- 单个模块 single module
- 壳体 case
- 密封件 seals
- 密封件 seals
- 壳体盖 housing cover
- 模块，带有12个60 Ah的电池格 module with 12 battery compartments of 60 Ah
- 电池模块控制单元 battery module control unit
- 蓄电池壳体格子结构 lattice structure of battery case
- 壳体盘 shell plate
- 蓄电池框架 battery frame
- 冷却系统 cooling system
- 车底护板 undercarriage

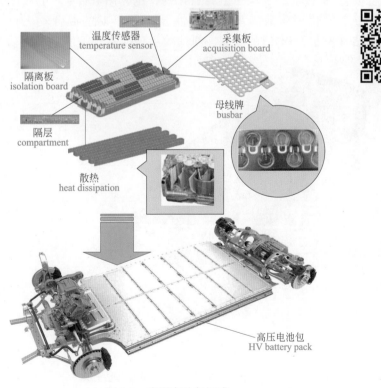

Labels in figure 3-2:
- 温度传感器 temperature sensor
- 采集板 acquisition board
- 隔离板 isolation board
- 母线牌 busbar
- 隔层 compartment
- 散热 heat dissipation
- 高压电池包 HV battery pack

图 3-2　高压电池包组成

（2）铁锂电池

铁锂电池是锂电池家族中的一员，正极材料主要为磷酸铁锂材料。铁锂电池的全名是磷酸铁锂锂离子电池，由于其性能特别适合于动力方面的应用，因而也有人叫它"锂铁动力电池"。与三元锂电池相比，其优势主要体现在其安全性更好，因为无须添加稀有的钴元素，整体造价更低。比亚迪汉 EV 应用的刀片式铁锂电池模块结构如图 3-3 所示。

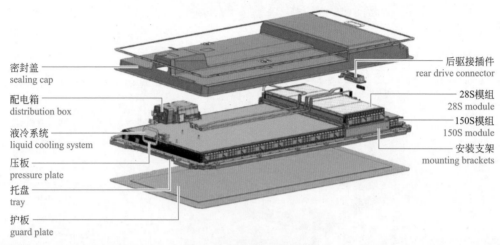

密封盖
sealing cap

配电箱
distribution box

液冷系统
liquid cooling system

压板
pressure plate

托盘
tray

护板
guard plate

后驱接插件
rear drive connector

28S模组
28S module

150S模组
150S module

安装支架
mounting brackets

图 3-3　高压电池部件分解

（3）镍氢电池

镍氢电池分为高压镍氢电池和低压镍氢电池。镍氢电池正极活性物质为 $Ni(OH)_2$（称 NiO 电极）；负极活性物质为金属氢化物，也称储氢合金（电极称储氢电极）；电解液为 6mol/L 氢氧化钾溶液。镍氢电池主要用于早期的混合动力汽车，如丰田的普锐斯（如图 3-4 所示）、本田的思域、凯迪拉克的凯雷德等油电混合动力车型。

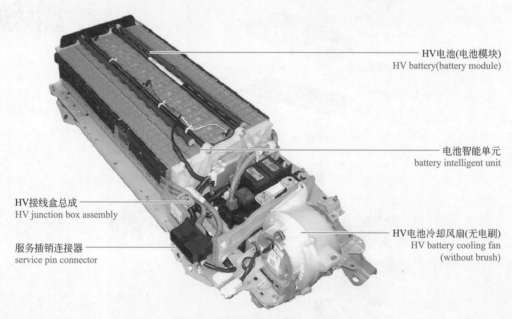

HV电池(电池模块)
HV battery(battery module)

电池智能单元
battery intelligent unit

HV接线盒总成
HV junction box assembly

服务插销连接器
service pin connector

HV电池冷却风扇(无电刷)
HV battery cooling fan
(without brush)

图 3-4　普锐斯所用镍氢电池模块

（4）氢燃料电池

燃料电池是一种能量转化装置，它将燃料的化学能转化成电能。它类似于电池，也是电化学发电装置，因此被称为燃料电池。采用氢气作为燃料的燃料电池就是氢燃料电池。它的反应过程可以理解为水电解成氢气和氧气的逆反应。氢燃料电池的效率可轻松达到60%以上。由于氢燃料电池的生成物是水，基本不排放有害气体，做到了无碳排放，且不产生噪声，有望成为继锂电池之后的新型清洁动力。奥迪 A7 氢燃料电池汽车主要部件组成如图 3-5 所示。

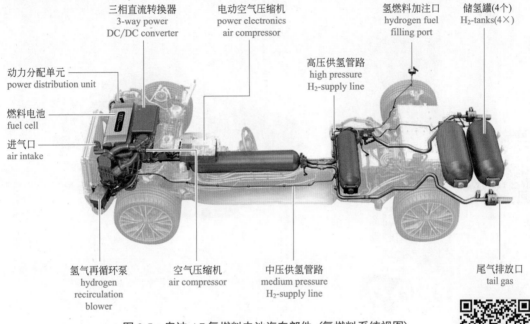

图 3-5　奥迪 A7 氢燃料电池汽车部件（氢燃料系统视图）

3.1.2　车载充电机

充电系统按照充电机是否安装在车上，分为车载充电系统和非车载充电系统。车载充电系统安装在车辆内部，具有体积小、冷却和封闭性好、重量轻等优点，但功率普遍较小，充电所耗时间长；非车载充电系统安装在新能源汽车外部，具有规模大、使用范围广、功率大等优点，但体积大、重量大、不易移动，主要适用于新能源汽车的快速充电。

车载充电机是指固定安装在电动汽车上的充电机，具有为电动汽车动力电池安全、自动充满电的能力。充电机依据电池管理系统（BMS）提供的数据，能动态调节充电电流或电压参数，执行相应的动作，完成充电过程。

可用交流（AC）或者直流（DC）来给高压电池充电。充电插座上的交流接口（AC）连接在高压电池充电器上。充电插座上的直流接口（DC）连接在开关盒上，直流电就直接输入到高压电池内。在充电器内，交流转换为直流，并通过开关盒输入到高压电池内。充电系统部件连接示意图如图 3-6 所示。

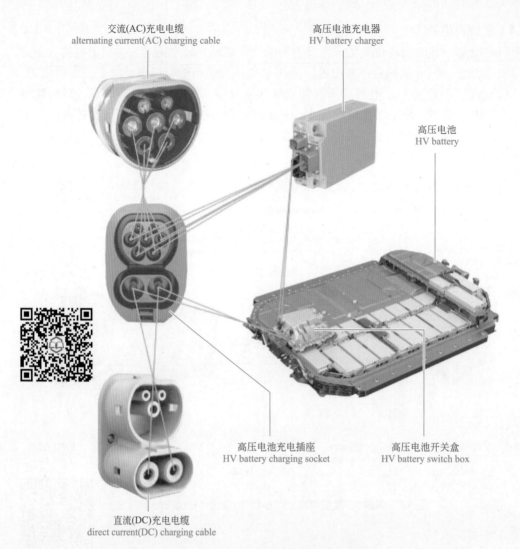

交流(AC)充电电缆
alternating current(AC) charging cable

高压电池充电器
HV battery charger

高压电池
HV battery

高压电池充电插座
HV battery charging socket

高压电池开关盒
HV battery switch box

直流(DC)充电电缆
direct current(DC) charging cable

图 3-6　充电系统部件连接示意图

　　充电系统启用时，车载充电机将外部交流电转换成直流电给高压电池充电。充电时，车载充电机根据整车控制器（VCU）的指令确定充电模式。车载充电机内部有滤波装置，可以抑制交流电网波动对车载充电机的干扰。高压接线盒接收车载充电机或直流充电桩的电能，并输送给高压电池总成。整车充电系统电气连接见图 3-7。

3.1.3　配电箱

　　电动汽车高压配电箱（盒／柜）是所有纯电动汽车、插电式混合动力汽车的高压电大电流分配单元（PDU）。其采用集中配电方案，结构设计紧凑，接线布局方便，检修方便快捷。根据不同客户的系统架构需求，高压配电箱还要集成部分电池管理系统智能控制管理单元，从而更进一步简化整车系统架构配电的复杂度。

　　比亚迪汉 DM 电动汽车高压部件分布如图 3-8 所示。

　　该车高压系统电源分配流向如图 3-9 所示。

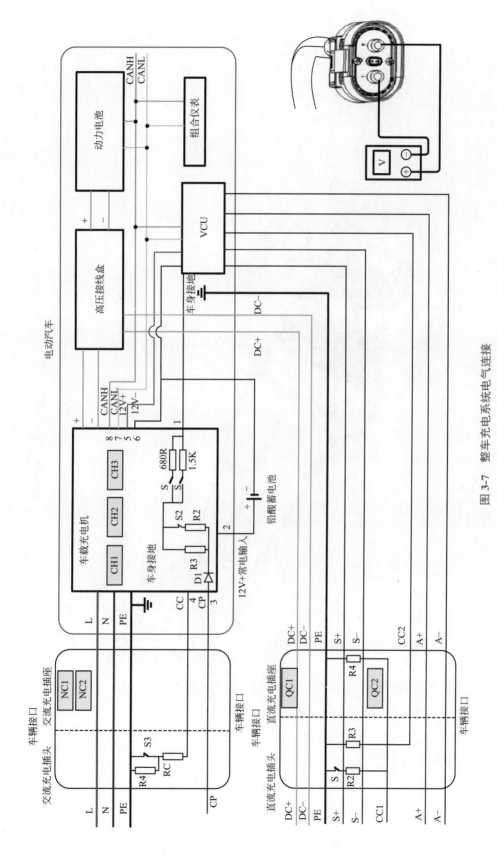

图 3-7 整车充电系统电气连接

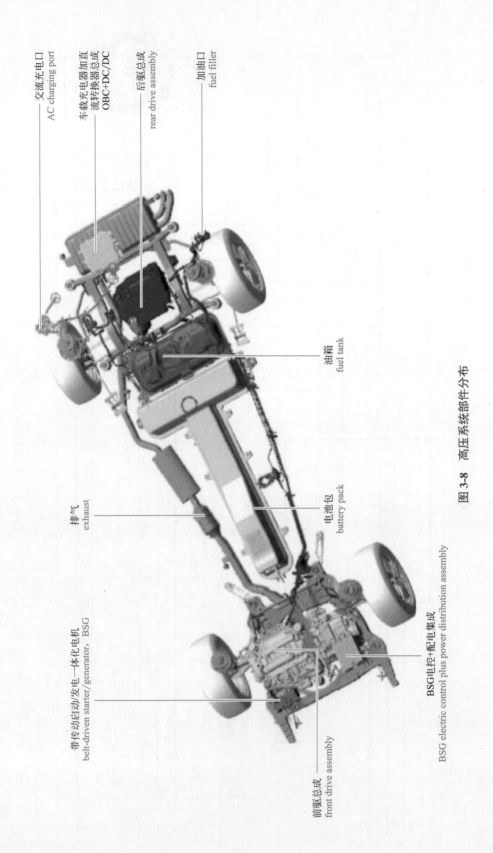

交流充电口
AC charging port

车载充电器加直
流转换器总成
OBC+DC/DC

后驱总成
rear drive assembly

加油口
fuel filler

油箱
fuel tank

排气
exhaust

电池包
battery pack

带传动启动/发电一体化电机
belt-driven starter/generator, BSG

前驱总成
front drive assembly

BSG电控+配电集成
BSG electric control plus power distribution assembly

图 3-8 高压系统部件分布

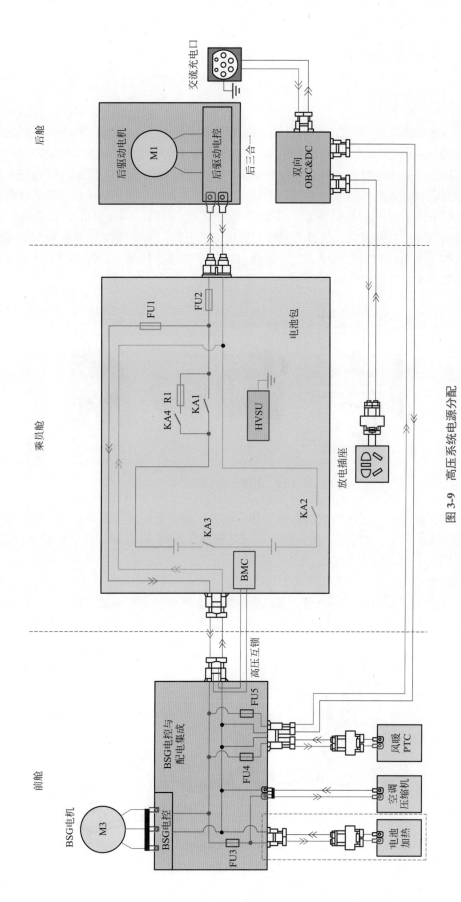

图 3-9 高压系统电源分配

3.2 电驱系统

3.2.1 驱动电机

电力驱动系统都采用了能量回收技术，即在汽车制动时，通过控制器将车轮损耗的动能回收到电池中，并使电机处于发电状态，将发出的电输送到电池中。因此，电动汽车的驱动机称为电机，按工作电源种类可分为直流电机（直流电机按结构及工作原理可划分无刷直流电机和有刷直流电机，以及永磁直流电机和电磁直流电机）和交流电机（交流电机可分为单相电机和三相电机；按结构和工作原理可分为异步电机、同步电机）。目前电动汽车上多配置永磁同步直流电机，少数车型使用异步交流电机，如特斯拉与蔚来等品牌车型。

电机的主要组件包括：转子和定子、接口、转子位置传感器、冷却系统。大众 e-Golf 采用的永磁同步电机结构如图 3-10 所示。

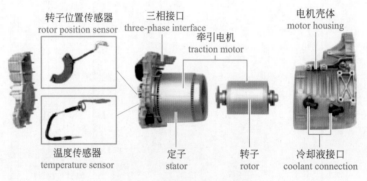

图 3-10　永磁同步电机结构

奥迪 e-tron 车型上使用的驱动电机是异步电机。每个电机的主要部件有：带有 3 个呈 120° 布置铜绕组（U，V，W）的定子、转子（铝制笼型转子）。转子把转动传入齿轮箱。为了能达到一个较高的功率密度，静止不动的定子与转动着的转子之间的气隙就需要非常小。电机与齿轮箱合成一个车桥驱动装置。

车桥驱动装置有两种不同类型，其区别体现在电机相对于车桥的布置上。前桥上采用平行轴式电机来驱动车轮，结构如图 3-11 所示，后桥则采用同轴式电机来驱动车轮。

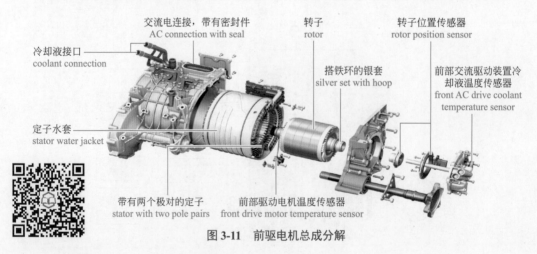

图 3-11　前驱电机总成分解

3.2.2 电机控制器

电机控制器日趋集成化，集成形式包括：单主驱动控制器、三合一控制器（集成：EHPS 控制器 +ACM 控制器 +DC/DC）、五合一控制器（集成：EHPS 控制器 +ACM 控制器 +DC/DC+PDU+ 双源 EPS 控制器）、乘用车控制器（集成：主驱 +DC/DC）。多合一集成后的电机控制器功能包括：为集成控制器各个支路提供配电，如熔断器、TM 接触器、电除霜回路、电动转向回路、电动空调回路供电等；为控制电路（如 VCU）提供电源，为驱动电路提供隔离电源；接收控制信号，驱动 IGBT 并反馈状态，提供隔离及保护；接收 VCU 控制指令，并做出反馈，检测电机系统转速、温度等传感器信息，通过指令传输电机控制信号；为电机控制器提供散热，保障控制器安全。

功率电子装置连接在前桥和后桥上低温冷却循环管路上，这样能对功率电子装置内部的各部件起到良好的冷却作用。功率电子装置内部结构如图 3-12 所示。

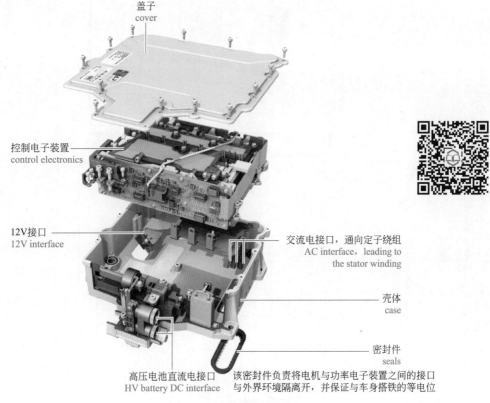

图 3-12　功率电子装置部件分解

3.3　电控系统

3.3.1　电池管理系统

电池管理系统（BMS）为一套保障动力电池使用安全的控制系统。它时刻监控电池的使用状态，通过必要措施缓解电池组的不一致性，为新能源车辆的使用安全提供保障。BMS 硬件的拓扑结构分为集中式和分布式两种。

集中式是将电池管理系统的所有功能集中在一个控制器里面，比较适合电池包容量比较小、模组及电池包型式比较固定的场合，可以显著地降低系统成本。集中式电池管理系统构成如图 3-13 所示。

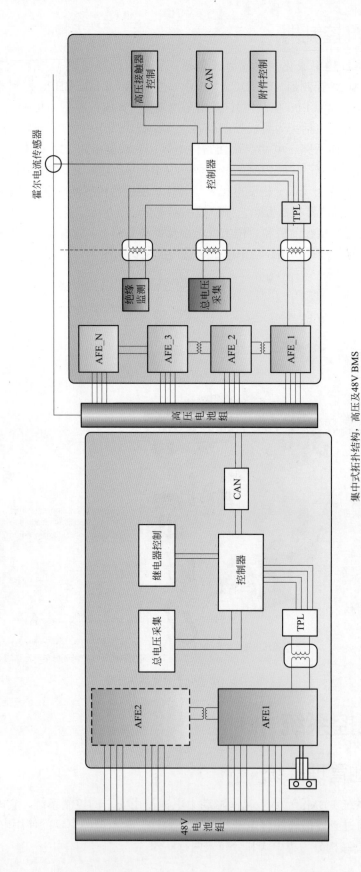

集中式拓扑结构，高压及 48V BMS

图 3-13　集中式电池管理系统

分布式是将 BMS 的主控板和从控板分开，甚至把低压和高压的部分分开，以增加系统配置的灵活性，适应不同容量、不同规格型式的模组和电池包。分布式电池管理系统构成如图 3-14 所示。

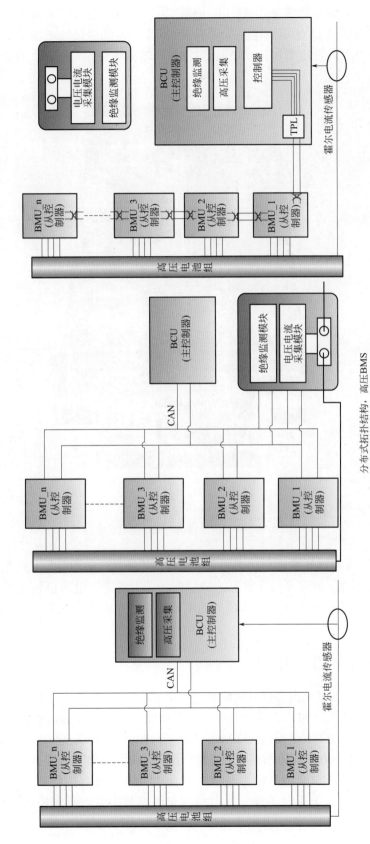

图 3-14　分布式电池管理系统

高压电池单元由 8 个串联连接的电池模块构成。每个电池模块都分配有一个电池监控电子装置，如图 3-15 所示。电池模块自身由 12 个串联连接的电池构成。每个电池的额定电压为 3.75 V，额定电量为 60Ah。电池模块的顺序是固定的，在背面从高电压插头开始。

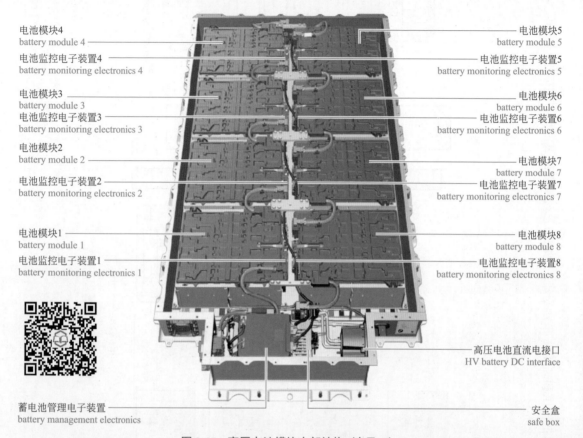

电池模块4
battery module 4

电池监控电子装置4
battery monitoring electronics 4

电池模块3
battery module 3

电池监控电子装置3
battery monitoring electronics 3

电池模块2
battery module 2

电池监控电子装置2
battery monitoring electronics 2

电池模块1
battery module 1

电池监控电子装置1
battery monitoring electronics 1

电池模块5
battery module 5

电池监控电子装置5
battery monitoring electronics 5

电池模块6
battery module 6

电池监控电子装置6
battery monitoring electronics 6

电池模块7
battery module 7

电池监控电子装置7
battery monitoring electronics 7

电池模块8
battery module 8

电池监控电子装置8
battery monitoring electronics 8

高压电池直流电接口
HV battery DC interface

蓄电池管理电子装置
battery management electronics

安全盒
safe box

图 3-15　高压电池模块内部结构（宝马 i3）

为确保锂离子电池正常运行，必须遵守特定边界条件：电池电压和电池温度不允许低于或高于特定数值，否则可能导致电池持续损坏。因此高压电池单元内带有 8 个电池监控电子装置，如图 3-16 所示。在高压电池单元内，每个电池模块都有一个电池监控电子装置。

3.3.2　整车控制器

新能源汽车根据其动力源可分为纯电动汽车（EV）和混合动力车（HEV/PHEV）。整车控制器是新能源汽车的核心控制部件，主要功能是解析驾驶员需求，监控汽车行驶状态，协调控制单元如 BMS、MCU、EMS、TCU 等的工作，实现整车的上下电、驱动控制、能量回收、附件控制和故障诊断等功能。整车控制系统原理如图 3-17 所示。

以广汽传祺 GA3S 车型为例，整车控制器作为电动汽车的核心部件，负责实现整车控制策略，协调各子系统工作，是电动汽车的控制中枢。整车控制器原理如图 3-18 所示。

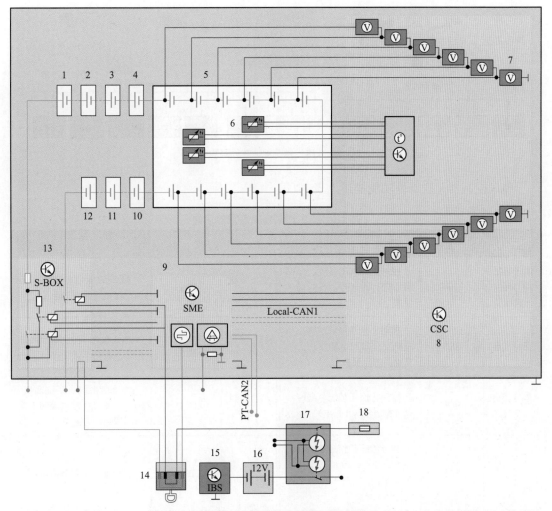

图 3-16　电池监控电子装置（宝马 i3）

1—电池模块 1；2—电池模块 2；3—电池模块 3；4—电池模块 4；5—电池模块 5；6—电池模块上的温度
传感器；7—电池电压测量；8—电池监控电子装置；9—蓄能器管理电子装置；10—电池模块 6；11—电
池模块 7；12—电池模块 8；13—安全盒；14—售后服务时断开连接；15—智能型电池传感器；16—12V
电池；17—安全型电池接线柱；18—前部配电盒

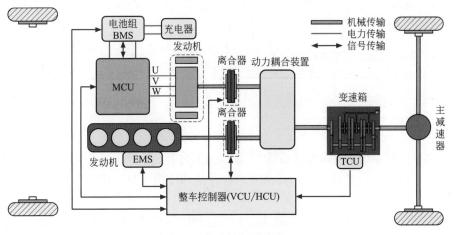

图 3-17　整车控制系统原理

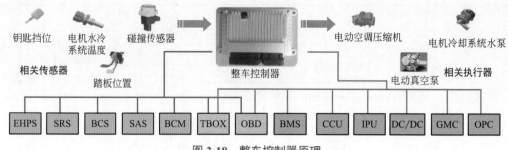

相关传感器　钥匙挡位　电机水冷系统温度　碰撞传感器　踏板位置　整车控制器　电动空调压缩机　电机冷却系统水泵　相关执行器　电动真空泵

| EHPS | SRS | BCS | SAS | BCM | TBOX | OBD | BMS | CCU | IPU | DC/DC | GMC | OPC |

图 3-18　整车控制器原理

整车控制器关联部件功能描述见表 3-1。

表 3-1　整车控制器关联部件功能

零件名称	缩写	功能	零件名称	缩写	功能
电子控制动力转向系统	EHPS	控制电磁阀的开度，从而满足高、低速时的转向助力要求	电池管理系统	BMS	检测高压电池状态，控制高压电池输入/输出
安全气囊	SRS	被动安全性保护系统，与座椅安全带配合使用，为乘员提供防撞保护	整车控制器	VCU（HCU）	接收整车高压/低压附件信号，对整车进行控制
车身控制系统	BCS	控制防抱死系统（ABS）/电子稳定系统（ESP）	耦合控制单元	CCU	检查机电耦合系统油压/油温，通过控制电磁阀实现离合器吸合/断开
半主动悬架	SAS	通过传感器感知路面状况和车身姿态，改善汽车行驶平顺性和稳定性的一种可控式悬架系统	集成电机控制器	IPU	控制驱动电机和发电机
车身控制模块	BCM	设计功能强大的控制模块，实现离散的控制功能，对众多用电器进行控制	直流/直流转换器	DC/DC	将高压电池内高压直流电转化为 12V 电，供低压用电器使用
远程监控系统	TBOX	行车时实时上传整车信号至服务器，实现对车辆的实时动态监控	机电耦合系统	GMC	内置 TM、ISG、差减速器，实现整车动力输出
车载诊断系统	OBD	诊断整车故障状态	低压油泵控制器	OPC	辅助控制 GMC 内部冷却油流动

3.3.3　温度控制系统

整车温度控制系统（简称温控系统），又称整车热管理系统，主要功能就是对整车内部温度及部件工作环境温度进行控制和调节，以保证部件能正常工作，给乘员提供舒适的乘坐环境。

相比于传统的燃油车，电动车的温控系统会更复杂，设计要求和难度相应也更高。其中制冷系统和采暖系统是电动车的用电大户，特别是采暖系统，当冬季行驶中打开 PTC❶ 加热器采暖时，几乎三分之一的电量用于电池模组的制热，从而让动力电池能快速达到工作温度，否则将严重影响汽车正常行驶和续航里程。

对于纯电动汽车而言，根据各个部件工作温度的要求，一般会设计有：空调制冷系统、采暖系统、电机冷却系统和电池温度控制系统。纯电动汽车的空调制冷系统，与传统车的类似，使用电动压缩机取代传统压缩机（发动机带动）。其主要包含电动压缩机，以及冷凝器、储液罐、膨胀阀、蒸发器、冷却风扇、鼓风机等零部件。

Model S 车型热量管理系统组件位置如图 3-19 所示。

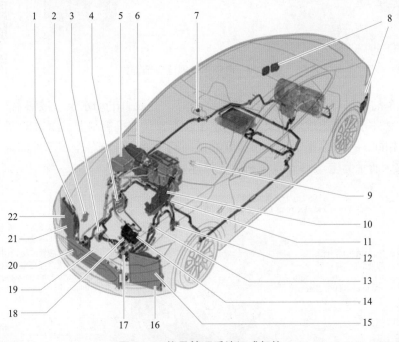

图 3-19　热量管理系统组成部件

1—过冷冷凝器风扇（sub-cool condenser fan）；2—冷凝器风扇控制模块 RH（LH 对称）［condenser fan control module RH（LH symmetrical）］；3—电池冷却液泵 1（battery coolant pump 1）；4—冷却液加热器（coolant heater）；5—颗粒过滤器（particulate filter）；6—机舱空调单元（cabin HVAC unit）；7—RLSH 传感器（RLSH sensor）；8—后排风机（rear air exhausters）；9—车内温度传感器（in-car temperature sensor）；10—冷却液箱（coolant reservoir）；11—动力总成冷却液泵（powertrain coolant pump）；12—电池快速配合连接器（battery rapid mate connector）；13—四通换向阀（four-way diverter valve）；14—电动空调压缩机（electric A/C compressor）；15—气冷冷凝器风扇（gas-cool condenser fan）；16—气冷冷凝器（gas-cool condenser）；17—电池冷却液泵 2（battery coolant pump 2）；18—电池冷却液冷却器（battery coolant chiller）；19—环境温度传感器（ambient temperature sensor）；20—冷却液散热器（coolant radiator）；21—过冷冷凝器（sub-cool condenser）；22—储液干燥器（内部冷凝器内）［receiver dryer（inside sub-cool condenser）］

目前电动汽车的采暖系统主要有两种：一是采用 PTC 空气加热器直接加热空气，取代传统车上的暖风芯体；二是采用 PTC 水加热器间接加热空气，保留传统空调的暖风芯体，外接一套 PTC 加热循环回路。电动汽车空调压缩机与 PTC 加热器结构如图 3-20 所示。

❶　PTC 是 positive temperature coefficient 的缩写，意思是正的温度系数，泛指正温度系数很大的半导体材料或元器件。通常所提到的 PTC 是指正温度系数热敏电阻，简称 PTC 热敏电阻。

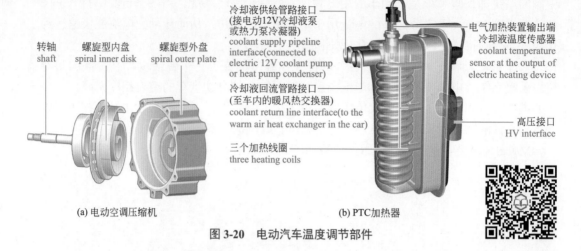

图 3-20 电动汽车温度调节部件

电动汽车的电机冷却与发动机冷却系统相似，一般由电动水泵、散热器、冷却风扇、膨胀水壶和管路等部件组成。如果车内的电子功率件（电机控制器、DC/DC 等）的冷却方式与电机的相同，一般会把功率件也串联在此回路里面，根据各个零部件的温度特性进行排布。图 3-21 所示为宝马 i3 驱动电机的壳体连接部件。

图 3-21 驱动电机冷却液连接接口（宝马 i3）

目前电动汽车的电池热管理系统主要有三种：

一是风冷模式，在早期的电动乘用车中应用广泛，如日产聆风（Nissan Leaf）、起亚 Soul EV 等，在目前的电动公共汽车、电动物流车中也被广泛应用。

二是水冷模式，一般采用一个换热器与制冷循环耦合起来，通过制冷剂将电池的热量带走。整个系统主要包括：电子水泵、换热器、电池散热板、PTC 加热器、膨胀水箱。水冷模式是目前电动乘用车中最为主流的优选方案。

三是直冷模式，即使用制冷剂直接对电池系统进行快速冷却散热。它只能解决电池系统的冷却散热的问题，却不能解决电动汽车电池在低温地区快速升温的要求，所以一般需要另外单独设计一个加温系统进行快速升温。目前直冷模式最典型的应用是宝马 i3（宝马 i3 同时采用液冷、直冷两种冷却方案）。

宝马 i3 车型根据高压电池单元的安装位置采用了上下叠加的两个电池模块。为了确保制冷剂可使电池充分冷却，采用了一个两件式热交换器。热交换器分别位于三个上部和三个下部电池模块下方。它由铝合金平管构成，与内部制冷剂管路相连。电池冷却部件结构如图 3-22 所示。

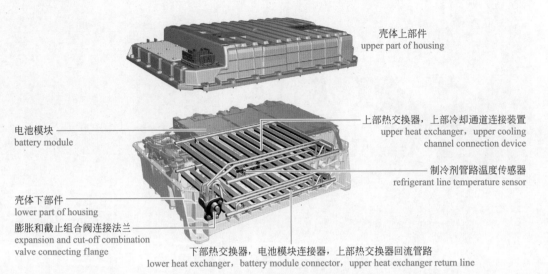

壳体上部件
upper part of housing

电池模块
battery module

上部热交换器，上部冷却通道连接装置
upper heat exchanger，upper cooling
channel connection device

制冷剂管路温度传感器
refrigerant line temperature sensor

壳体下部件
lower part of housing

膨胀和截止组合阀连接法兰
expansion and cut-off combination
valve connecting flange

下部热交换器，电池模块连接器，上部热交换器回流管路
lower heat exchanger，battery module connector，upper heat exchanger return line

图 3-22　高压电池单元内的冷却系统

第 4 章
汽车变速器总成

4.1　手动变速器与 AMT

4.1.1　手动变速器

　　手动变速器（manual transmission，简称 MT）又称机械式变速器，即必须用手拨动变速杆（俗称"挡把"）才能改变变速器内的齿轮啮合位置，改变传动比，从而达到变速的目的。手动变速在操纵时必须踩下离合，方可拨得动变速杆。手动变速器是利用大小不同的齿轮配合来实现变速的。常见的手动变速器多为 5 挡位（4 个前进挡、1 个倒挡），也有汽车采用 6 挡位变速器。一般来说，手动变速器的传动效率要比自动变速器的高，如果驾驶者技术好，手动变速的汽车在加速、超车时比自动变速车快，也省油。

　　手动变速器由变速传动机构、变速器壳体、操纵机构组成。按照轴的形式可以分为固定轴式（齿轮的旋转轴线固定不动）和旋转轴式（齿轮的旋转轴线也是转动的，如行星齿轮变速器），其中固定轴式手动变速器可以根据轴数的不同，分为两轴式、中间轴式、双中间轴式、多中间轴式。手动变速器操纵机构组成如图 4-1 所示。

　　以奔驰六挡变速驱动桥（前置前驱型手动变速器）为例，变速器内部齿轮机构部件如图 4-2、图 4-3 所示。

4.1.2　AMT

　　自动机械式变速器（automated mechanical transmission，简称 AMT），也叫自动离合

手动变速器。AMT 实际上就是带自动控制离合换挡功能的手动变速器，它和传统平行轴式手动变速器没有本质差异，结构上也基本一致。AMT 在卡车上应用较为广泛，大部分自动挡卡车无论是进口车还是国产车都采用了 AMT，其维修保养也较为简单。液压式自动离合器作为 AMT 的核心部件，在目前通用的膜片离合器的基础上增加了电子控制单元（ECU）和液压执行系统，将踏板操纵离合器油缸活塞改为由开关装置控制电动油泵去操纵离合器油缸活塞。

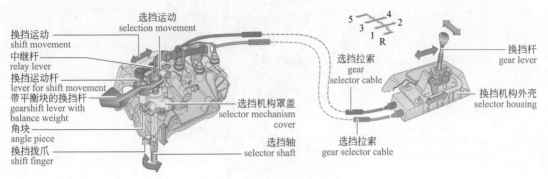

图 4-1　变速器换挡操纵机构

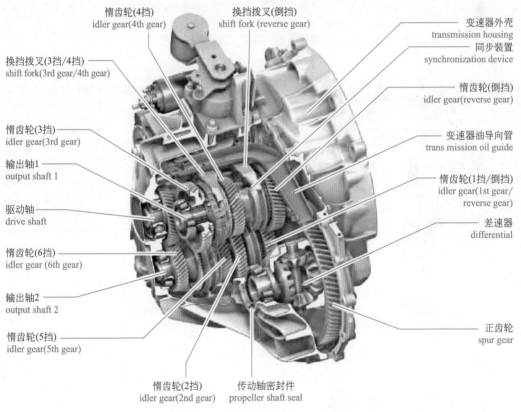

图 4-2　变速器的剖面图（从输出侧看）

　　目前 AMT 大多用于客车、卡车等商用车型。图 4-4 所示为解放型 12 挡 AMT 变速器控制系统部件。

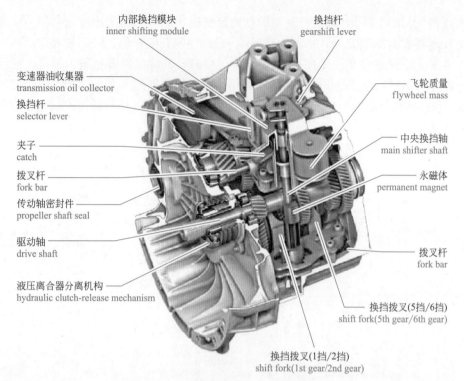

内部换挡模块
inner shifting module

换挡杆
gearshift lever

变速器油收集器
transmission oil collector

飞轮质量
flywheel mass

换挡杆
selector lever

夹子
catch

中央换挡轴
main shifter shaft

拨叉杆
fork bar

永磁体
permanent magnet

传动轴密封件
propeller shaft seal

驱动轴
drive shaft

拨叉杆
fork bar

液压离合器分离机构
hydraulic clutch-release mechanism

换挡拨叉(5挡/6挡)
shift fork(5th gear/6th gear)

换挡拨叉(1挡/2挡)
shift fork(1st gear/2nd gear)

图 4-3 变速器的剖面图（从发动机侧看）

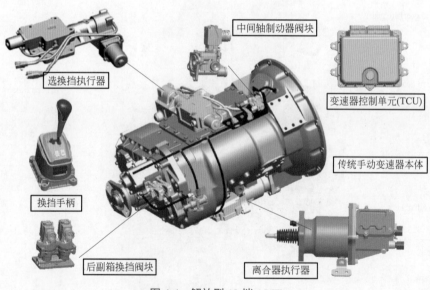

中间轴制动器阀块

选换挡执行器

变速器控制单元(TCU)

换挡手柄

传统手动变速器本体

后副箱换挡阀块

离合器执行器

图 4-4 解放型 12 挡 AMT

4.2 自动变速器

4.2.1 行星齿轮变速器

行星齿轮变速器是用行星齿轮机构实现变速的变速器。它通常装在液力变矩器的后面，共同组成液力自动变速器。行星齿轮机构因类似于太阳系而得名。它的中央是太阳轮，太阳轮的周围有几个围绕它旋转的行星轮，行星轮之间有一个共用的行星架。行星轮的外面，有一个大齿圈。应用较多的行星齿轮组有辛普森齿轮机构（Simpson gearset）和拉维娜齿轮机构（Ravigneaux gearset）、莱派特齿轮机构（Le Pelletier gearset）。

图 4-5 所示为奔驰九挡自动变速器内部结构。

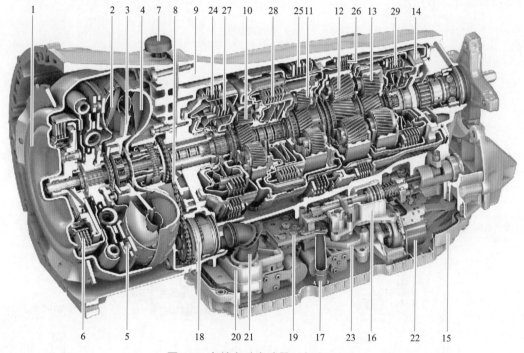

图 4-5　九挡自动变速器（奔驰 725.0）

1—变矩器盖（torque converter cover）；2—涡轮（turbine）；3—定子（stator）；4—叶轮（impeller）；5—离心摆（centrifugal pendulum）；6—变矩器锁止离合器（torque converter lockup clutch）；7—变速器外壳通风口（transmission housing ventilation）；8—机油泵链条传动（oil pump drive chain）；9—变速器外壳（transmission housing）；10—行星齿轮组 1（planetary gearset 1）；11—行星齿轮组 2（planetary gearset 2）；12—行星齿轮组 3（planetary gearset 3）；13—行星齿轮组 4（planetary gearset 4）；14—驻车锁装置（park pawl gear）；15—油底壳（oil pan）；16—活塞外壳（驻车锁促动器）（piston housing for park pawl actuation）；17—导管（guide tube）；18—油泵（oil pump）；19—全集成化变速器控制系统触点支架（supporting body of VGS）；20—护盖 / 换挡阀体（cover/shift valve housing）；21—压力管和吸油管（pressure and intake pipes）；22—电动辅助油泵（electric transmission oil pump）；23—全集成化变速器控制系统控制单元（fully integrated transmission controller unit）；24—多片式制动器 B08（multidisk brake B08）；25—多片式制动器 B05（multidisk brake B05）；26—多片式制动器 B06（multidisk brake B06）；27—多片式离合器 K81（multidisk clutch K81）；28—多片式离合器 K38（multidisk clutch K38）；29—多片式离合器 K27（multidisk clutch K27）

4.2.2　双离合变速器

双离合变速器有别于一般的自动变速器系统，它基于手动变速器而不是自动变速器，除了拥有手动变速器的灵活性及自动变速器的舒适性外，还能提供无间断的动力输出。它分为湿式双离合变速器、干式双离合变速器，其不同之处在于双离合器摩擦片的冷却方式：湿式离合器的两组离合器片在一个密封的油槽中，通过浸泡着离合器片的变速器油吸收热量，而干式离合器的摩擦片则没有密封油槽，需要通过风冷散热。

双离合变速器在不同的汽车厂商那里有着不同的名称：大众，DSG（direct shift gearbox）；奥迪，S Tronic；宝马，M DKG［doppel kuppling getriebe（德文），double clutch gearbox（英文）］或 M-DCT（dual clutch transmission）；福特、沃尔沃，PowerShift；保时捷，PDK（Porsche doppel kupplung）；三菱，TC-SST（twin clutch-super sport transmission）；日产，GR6（rear gearbox 6 speed）；部分品牌汽车，DCT（dual clutch transmission）。双离合器结构如图 4-6 所示。

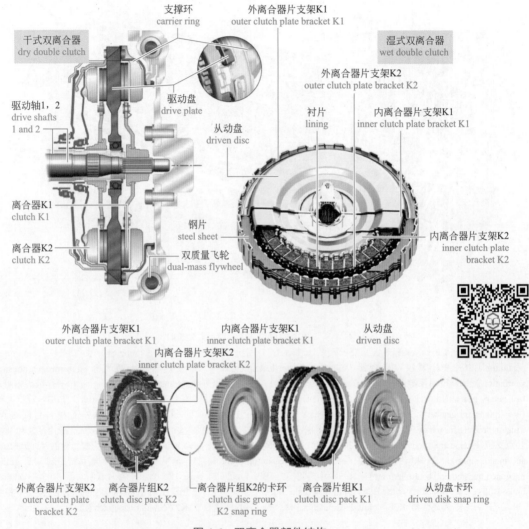

图 4-6　双离合器部件结构

4.3　无级变速器

4.3.1　钢带式变速器

钢带式无级变速器是在片状钢带上，镶上许多 V 形钢片，用它来取代原来的橡胶带。这样，就解决了带寿命短的问题。同时，这种新型无级变速器还装有由微机控制的液压调整和变速比调整机构，可以根据驾驶者的爱好（节油或大动力）及发动机的工作状况，把液压和速比自动调整到最佳状态。

　　奔驰 722.8 变速器传动及控制部件安装位置见图 4-7、图 4-8。

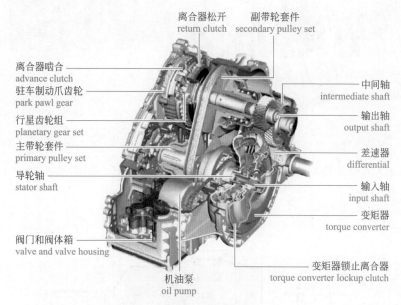

图 4-7　无级变速器剖面图（一）

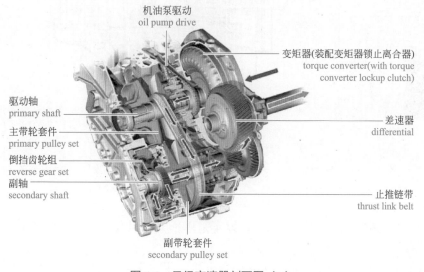

图 4-8　无级变速器剖面图（二）

4.3.2　钢链式变速器

　　为了保证变速器能承受更大转矩，将一般无级变速器（CVT）所采用的推动式钢带改进为拉动式链条，作为动力传递的中介，这大大提高了变速器的强度，如图 4-9 所示。该系列变速器面世之初就能承受 310Nm 的最大转矩，不久后这个数字就增加到了400Nm。

图 4-9　链式无级变速器的链条形式

以奥迪 01J 无级变速器为例，该类型变速器内部结构如图 4-10 所示。

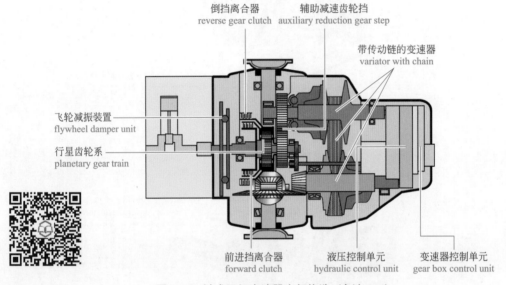

倒挡离合器
reverse gear clutch

辅助减速齿轮挡
auxiliary reduction gear step

带传动链的变速器
variator with chain

飞轮减振装置
flywheel damper unit

行星齿轮系
planetary gear train

前进挡离合器
forward clutch

液压控制单元
hydraulic control unit

变速器控制单元
gear box control unit

图 4-10　链式无级变速器内部构造（奥迪 01J）

4.3.3　电动无级变速器

以本田 Accord 全混合动力车为例，该车采用了电动无级变速器（E-CVT），总成结构如图 4-11 所示。

E-CVT 通过组合使用发动机、齿轮和电机，提供无级前进速度和倒车。E-CVT 允许车辆通过电动机动力或发动机动力驱动。两种动力均通过变速器内的齿轮传送到输出轴。该变速器无传统的齿轮或带轮变速机构。电动机的功率输出特点不同于发动机，可以在运转初期就输出极大的转矩（因此起步时不可过于激烈操作加速踏板，避免出现危险）。

E-CVT 需要定期更换变速器油（ATF-DW1），且不可分解，只能整体更换（虽然没有变速机构，但还有机械传动机构和离合器，需要使用变速器油，电动机、发电机也要通过变速器油进行散热）。图 4-12 显示了 E-CVT 内部部件。

图 4-11 本田 E-CVT 总成结构

传动齿轮与离合器
transmission gears and clutches

电动机
electric motor

发电机
generator

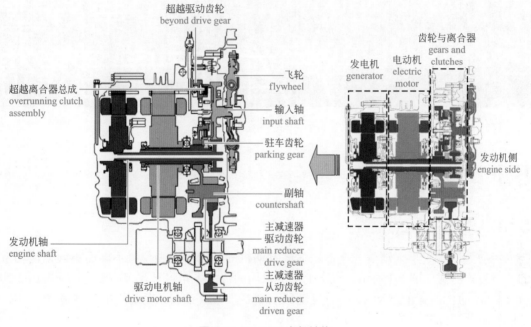

超越驱动齿轮
beyond drive gear

超越离合器总成
overrunning clutch assembly

飞轮
flywheel

输入轴
input shaft

驻车齿轮
parking gear

副轴
countershaft

主减速器驱动齿轮
main reducer drive gear

主减速器从动齿轮
main reducer driven gear

发动机轴
engine shaft

驱动电机轴
drive motor shaft

发电机
generator

电动机
electric motor

齿轮与离合器
gears and clutches

发动机侧
engine side

图 4-12　E-CVT 内部结构

第5章
汽车底盘系统

5.1 传动装置

5.1.1 驱动形式

传动系的布置形式随着汽车的用途、发动机的结构和安装位置不同而不同，传动系的一般布置形式如图5-1所示。汽车上广泛采用的传动系布置形式有：发动机前置后驱动（FR）、发动机前置前驱动（FF）、发动机后置后驱动（RR）、发动机中置后驱动（MR）及四轮驱动（4WD）等。

发动机
engine

发动机
engine

驱动桥
drive axle

变速驱动桥
transmission drive axle

变速器
transmission

驱动轴
drive shaft

前置前驱型：低、中级车中最常用的驱动形式，一般将变速器与驱动桥的差速器装在一起，故称变速驱动桥，有手动和自动之分。

前置后驱型：中高级、高级车中最常见的驱动形式。发动机输出的转矩经离合器与变速器，再经传动轴传到后驱动桥上，驱动后轮。

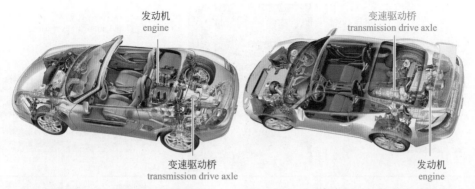

中置后驱型：多见于高级跑车中，发动机居于
前后桥的中部。

后置后驱型：在高级跑车如保时捷、法拉利跑车中多见。

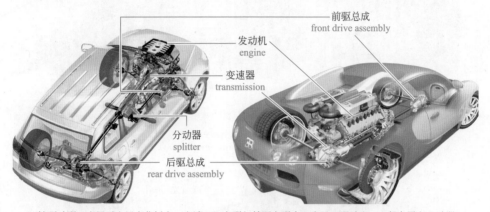

四轮驱动型：多用于高级豪华轿车、高端SUV车型与越野车型中，为了分配动力，一般布置有分动器。

图 5-1　汽车底盘布置形式

汽车传动系主要由离合器（自动变速器为液力变矩器）、变速器（分为手动和自动两种类型）、传动轴与驱动桥（有的集成于变速器，有的为单独装置）等机构组成。传动系的组成见图 5-2。

5.1.2　四驱总成

四轮驱动，又称全轮驱动，是指汽车前后轮都有动力。可按行驶路面状态不同而将发动机输出转矩按不同比例分布在前后所有的轮子上，以提高汽车的行驶能力。四轮驱动又可以细分成 4 种驱动模式：全时驱动（full-time）、兼时驱动（part-time）、适时驱动（real-time）和兼时 / 适时混合驱动。

四轮驱动离合器集成在后桥驱动总成中，见图 5-3。通过前后桥驱动总成之间的四轮驱动离合器，驱动转矩可传至后桥。通过调节开度将所需的驱动转矩传递到后桥。

大众第五代四轮驱动离合器摩擦片组的动力传递与前款型号是相同的，组成部件如图 5-4 所示。新部件有安全阀与油液套筒。与第四代四轮驱动离合器相比，改动包括：四轮驱动离合器泵、四轮驱动系统控制单元、壳体。取消了第四代四轮驱动离合器上的下列部件：蓄压器、离合器开度控制阀、离合器油滤清器。

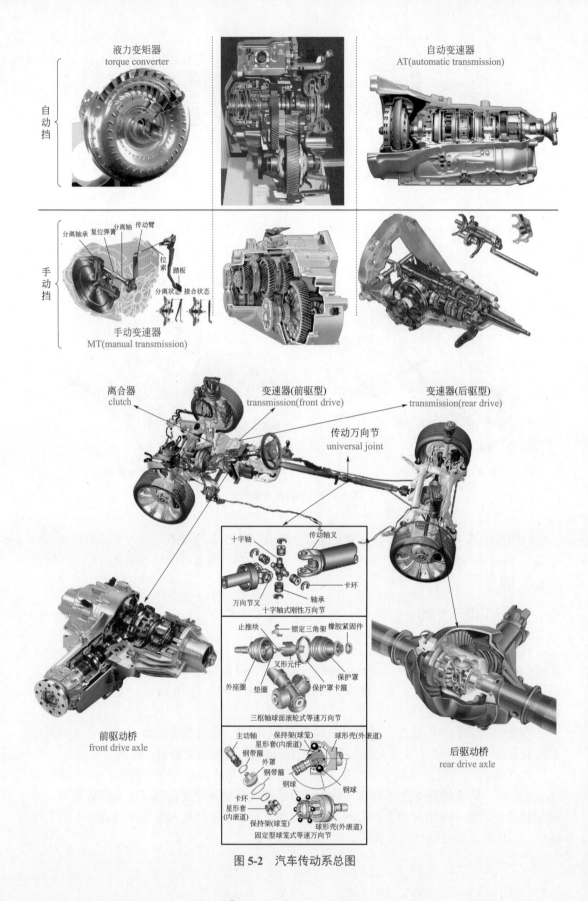

自动挡

液力变矩器
torque converter

自动变速器
AT(automatic transmission)

手动挡

分离轴承　复位弹簧　分离轴　传动臂
拉索　踏板
分离状态　接合状态

手动变速器
MT(manual transmission)

离合器
clutch

变速器(前驱型)
transmission(front drive)

变速器(后驱型)
transmission(rear drive)

传动万向节
universal joint

十字轴　　　传动轴叉
卡环
万向节叉　　　轴承
十字轴式刚性万向节

止推块　　锁定三角架　橡胶紧固件
叉形元件　　保护罩
外座圈　垫圈　　保护罩卡箍
三枢轴球面滚轮式等速万向节

主动轴　保持架(球笼)　球形壳(外滚道)
钢带箍
外罩
钢带箍
卡环　　　　钢球　　　　钢球
星形套(内滚道)
保持架(球笼)　球形壳(外滚道)
固定型球笼式等速万向节

前驱动桥
front drive axle

后驱动桥
rear drive axle

图 5-2　汽车传动系总图

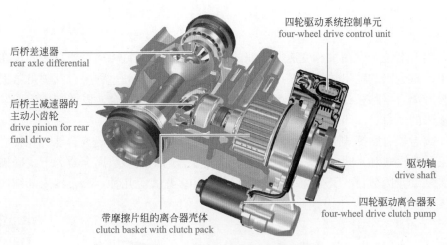

后桥差速器
rear axle differential

后桥主减速器的
主动小齿轮
drive pinion for rear
final drive

带摩擦片组的离合器壳体
clutch basket with clutch pack

四轮驱动系统控制单元
four-wheel drive control unit

驱动轴
drive shaft

四轮驱动离合器泵
four-wheel drive clutch pump

图 5-3　四轮驱动离合器内部结构

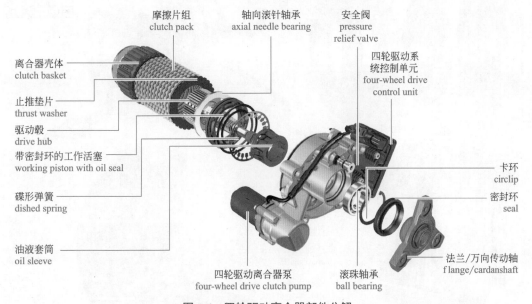

摩擦片组
clutch pack

轴向滚针轴承
axial needle bearing

安全阀
pressure
relief valve

四轮驱动系
统控制单元
four-wheel drive
control unit

离合器壳体
clutch basket

止推垫片
thrust washer

驱动毂
drive hub

带密封环的工作活塞
working piston with oil seal

碟形弹簧
dished spring

油液套筒
oil sleeve

四轮驱动离合器泵
four-wheel drive clutch pump

滚珠轴承
ball bearing

卡环
circlip

密封环
seal

法兰/万向传动轴
flange/cardanshaft

图 5-4　四轮驱动离合器部件分解

　　四轮驱动离合器泵是一个集成有离心力调节器的活塞泵，见图5-5。它生成并调节油压，并由四轮驱动系统控制单元持续控制。

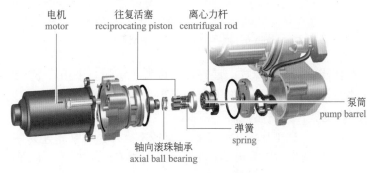

电机
motor

往复活塞
reciprocating piston

离心力杆
centrifugal rod

泵筒
pump barrel

轴向滚珠轴承
axial ball bearing

弹簧
spring

图 5-5　四轮驱动离合器泵

5.1.3 离合器

汽车离合器位于发动机和变速器之间的飞轮壳内，用螺钉将离合器总成固定在飞轮的后平面上，离合器的输出轴就是变速器的输入轴。在汽车行驶过程中，驾驶员可根据需要踩下或松开离合器踏板，使发动机与变速器暂时分离和逐渐接合，以切断或传递发动机向变速器输入的动力。

汽车离合器有摩擦式离合器、液力变矩器（液力耦合器）、电磁离合器等几种。摩擦式离合器又分为湿式和干式两种。与手动变速器相配合的绝大多数离合器为干式摩擦式离合器，按其从动盘的数目，又分为单盘式、双盘式和多盘式等几种。离合器内部结构及组成部件如图 5-6 所示。

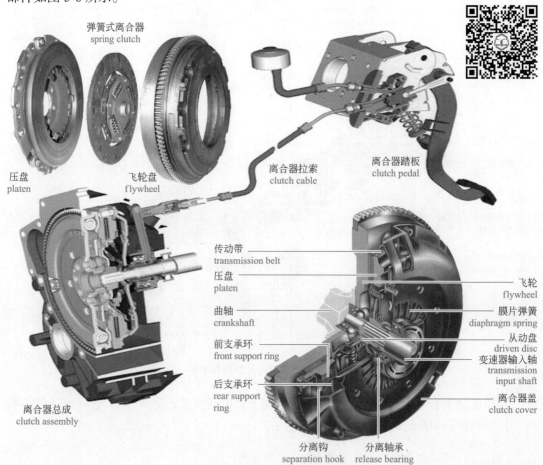

图 5-6　汽车离合器总成组成部件

湿式摩擦式离合器一般为多盘式，浸在油中以便于散热。采用若干个螺旋弹簧作为压紧弹簧，并将这些弹簧沿压盘圆周分布的离合器称为周布弹簧离合器。采用膜片弹簧作为压紧弹簧的离合器称为膜片弹簧离合器。

液力变矩器（图 5-7）靠工作液（油液）传递转矩，外壳与泵轮连为一体，是主动件；涡轮与泵轮相对，是从动件。当泵轮转速较低时，涡轮不能被带动，主动件与从动件之间处于分离状态；随着泵轮转速的提高，涡轮被带动，主动件与从动件之间处于接合状态。

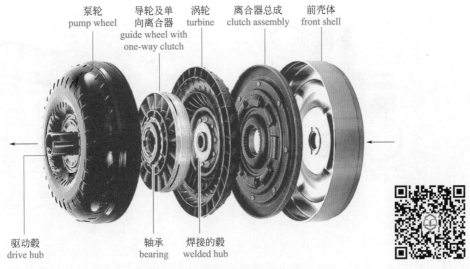

<table>
<tr><td>泵轮
pump wheel</td><td>导轮及单
向离合器
guide wheel with
one-way clutch</td><td>涡轮
turbine</td><td>离合器总成
clutch assembly</td><td>前壳体
front shell</td></tr>
</table>

驱动毂　　　　　　　　轴承　　焊接的毂
drive hub　　　　　　　bearing　welded hub

图 5-7　液力变矩器组成部件

5.1.4　传动轴与万向节

传动轴是汽车传动系中传递动力的重要部件，它的作用是与变速器、驱动桥一起将发动机的动力传递给车轮，使汽车产生驱动力。传动轴部件外观如图 5-8 所示。传动轴由轴管、伸缩套和万向节组成。伸缩套能自动调节变速器与驱动桥之间距离。万向节的作用是在相对位置及夹角不断变化的两轴之间传递动力。

图 5-8　汽车底盘中的传动轴

万向节是汽车传动轴上的关键部件。在前置发动机后轮驱动的车辆上，带万向节的传动轴安装在变速器输出轴与驱动桥主减速器输入轴之间；而前置发动机前轮驱动的车辆省略了传动轴，万向节安装在既负责驱动又负责转向的前桥半轴与车轮之间。

十字轴式万向节：目前汽车上应用最多的万向节。它以十字轴为中心，两端分别连接一个万向节叉，这样，即使两个万向节叉之间有夹角，动力依然可以传递过去。它的工作特性是当主动轴等速旋转时，从动轴的转速（角速度）是不均匀的。所以，为了达到等速转动，传动轴两端须安装两个万向节，并且还须满足两个条件，即传动轴两端的万向节叉应在一个平面内；主动轴和从动轴与传动轴的夹角应相等。该部件结构形式如图 5-9 所示。

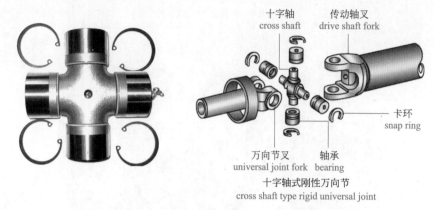

十字轴式刚性万向节
cross shaft type rigid universal joint

图 5-9　十字轴式万向节实物与部件分解

　　球笼式万向节：工作时六个钢球都参与传力，故承载能力强、磨损小、寿命长。它被广泛应用于各种型号的转向驱动桥和独立悬架的驱动桥。该部件结构形式如图 5-10 所示。

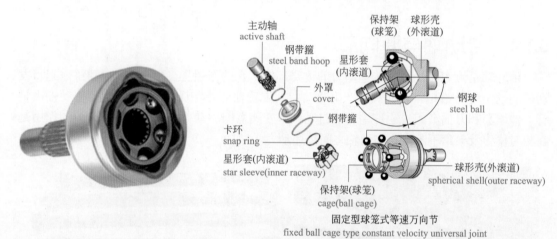

固定型球笼式等速万向节
fixed ball cage type constant velocity universal joint

图 5-10　球笼式万向节实物与部件分解

　　三枢轴万向节：万向节工作时，动力由半轴输入，经球叉、传力球、球销，最后经球笼输出。结构较紧凑。该部件结构形式如图 5-11 所示。

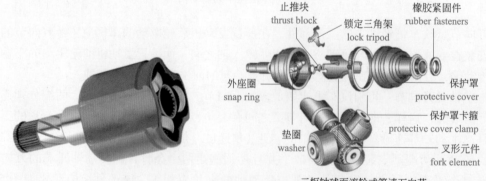

三枢轴球面滚轮式等速万向节
three-pivot spherical roller type constant velocity universal joint

图 5-11　三枢轴万向节实物与部件分解

5.1.5 差减速器总成

差减速器总成由差速器与减速器组成，后驱车中安装在后桥上，前驱车中安装在变速器内部。差减速器总成部件结构及组成部件如图 5-12 所示。

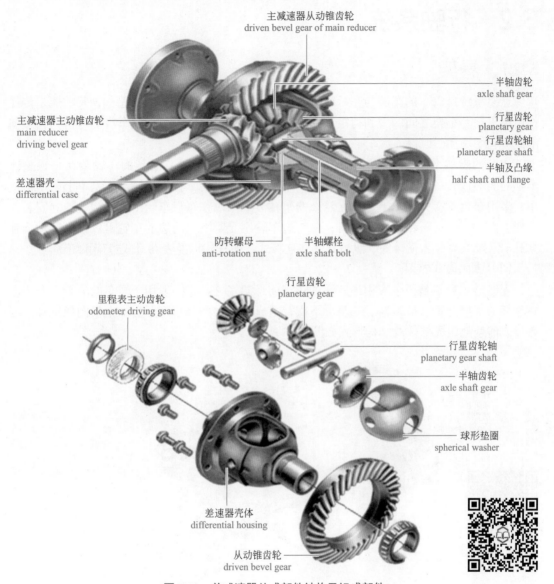

主减速器从动锥齿轮
driven bevel gear of main reducer

半轴齿轮
axle shaft gear

行星齿轮
planetary gear

行星齿轮轴
planetary gear shaft

半轴及凸缘
half shaft and flange

主减速器主动锥齿轮
main reducer
driving bevel gear

差速器壳
differential case

防转螺母
anti-rotation nut

半轴螺栓
axle shaft bolt

里程表主动齿轮
odometer driving gear

行星齿轮
planetary gear

行星齿轮轴
planetary gear shaft

半轴齿轮
axle shaft gear

球形垫圈
spherical washer

差速器壳体
differential housing

从动锥齿轮
driven bevel gear

图 5-12　差减速器总成部件结构及组成部件

差速器：实现左、右驱动轮不同转速转动的机构。差速器主要由差速器壳、行星齿轮、半轴齿轮、行星齿轮轴等组成。差速器左、右轮的转速是不一样的，某侧的车轮静止，则另一侧车轮转动的速度加倍。

减速器：将变速器输出的动力进一步减速，增大转矩，并改变旋转方向。减速器主要由主动锥齿轮、从动锥齿轮、轴承座与减速器壳等组成，通过小轮带大轮达到减速增扭的作用。

布置在前驱动桥（前驱汽车）和后驱动桥（后驱汽车）的差速器，可分别称为前差速器和后差速器；若安装在四驱汽车的中间传动轴上，来调节前后轮的转速，则称为中央差速器。

5.2 行驶系统

5.2.1 悬架

悬架系统是汽车的车架与车桥或车轮之间的一切传力连接装置的总称，其功能是传递作用在车轮和车架之间的力和力矩，并且缓冲由不平路面传给车架或车身的冲击力，减弱由此引起的振动，以保证汽车平顺行驶。

汽车的悬架系统分为非独立悬架和独立悬架两种。非独立悬架的车轮装在一根整体车轴的两端，当一边车轮跳动时，另一侧车轮也相应跳动，在现代轿车中基本上已不再使用，多用在货车和大客车上。独立悬架的车轴分成两段，每只车轮由螺旋弹簧独立安装在车架下面，当一边车轮发生跳动时，另一边车轮不受影响，两边的车轮可以独立运动。独立悬架系统又可分为横臂式、纵臂式、多连杆式、扭杆式以及麦弗逊式悬架系统等。

（1）麦弗逊式悬架

麦弗逊式悬架是当今应用最广泛的轿车前悬架之一。它一般用于轿车的前轮。麦弗逊式悬架由螺旋弹簧、减振器、三角形下摆臂组成，绝大部分车型还会加上横向稳定杆。麦弗逊式前悬架组成部件及结构形式如图 5-13 所示。

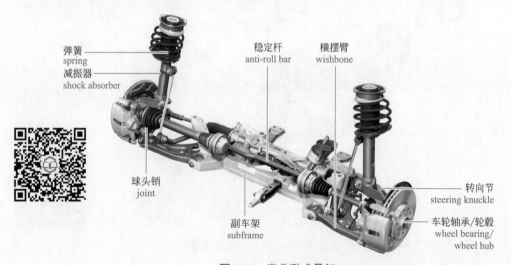

图 5-13　麦弗逊式悬架

（2）扭杆式悬架

汽车悬架的金属弹簧有三种形式，分别是螺旋弹簧、钢板弹簧和扭杆弹簧。扭杆弹簧一端与车架固定连接，另一端与悬架控制臂连接，通过扭杆的扭转变形起到缓冲作用。扭杆用合金弹簧钢做成，具有较高的弹性，既可扭曲变形又可复原，实际上起到与螺旋弹簧相同的作用，只是表现形式不同而已。扭杆式悬架如图 5-14 所示。

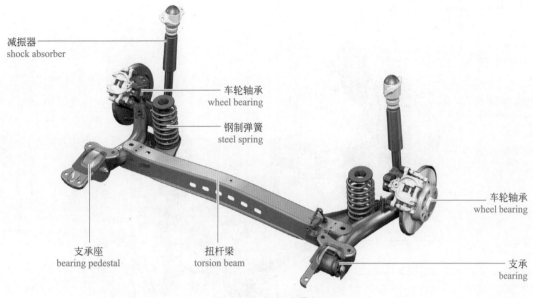

图 5-14　扭杆式悬架

（3）多连杆独立悬架

多连杆独立悬架是由连杆、减振器和减振弹簧组成的。它的连杆比一般悬架要多些，一般把 4 连杆或更多连杆结构的悬架称为多连杆悬架。四连杆式悬架结构形式及组成部件如图 5-15 所示。

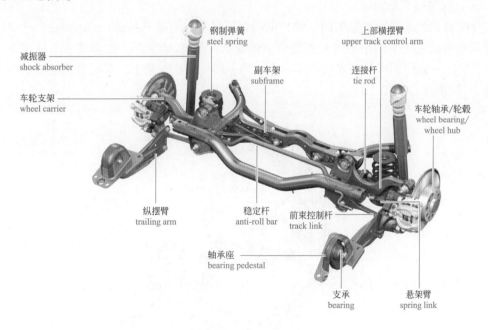

图 5-15　四连杆悬架

图 5-16 所示为五连杆悬架，五根连杆分别指主控制臂、前置定位臂、后置定位臂、上臂和下臂。其中，主控制臂可以起到调整后轮前束的作用，以提高车辆行驶稳定性，有效

降低轮胎的摩擦。

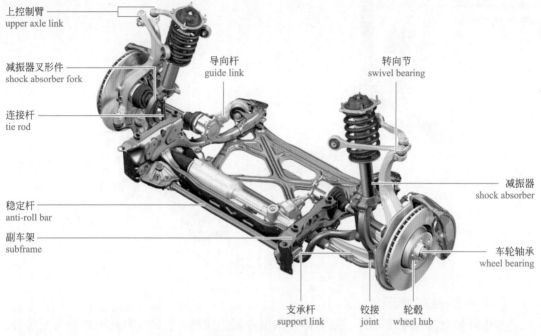

图 5-16　五连杆悬架

（4）双摆臂式悬架

双摆臂式悬架是独立悬架的一种，也叫双叉骨、双愿骨（double wishbone）悬架。双摆臂式悬架拥有上下两个不等长的摆臂，做成 A 字形或 V 字形。摆动支承上的上下 2 个 V 形摆臂以一定的距离分别安装在车轮上，另一端安装在车架上。双摆臂式悬架结构形式如图 5-17 所示。

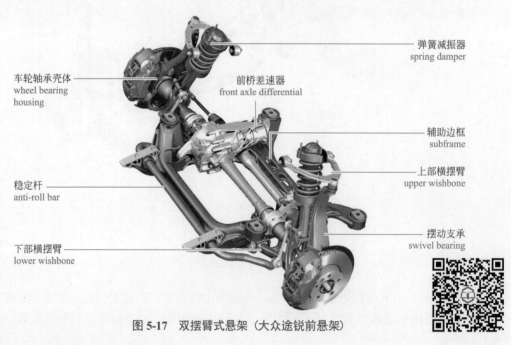

图 5-17　双摆臂式悬架（大众途锐前悬架）

（5）空气悬架

空气悬架主要由控制电脑、吸气孔、排气孔、气动前后减振器和空气分配器等组成。作用：控制车身的水平姿态，调节车身的稳定系统。空气悬架部件结构如图5-18所示。

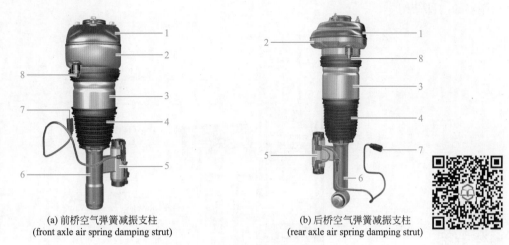

(a) 前桥空气弹簧减振支柱
(front axle air spring damping strut)

(b) 后桥空气弹簧减振支柱
(rear axle air spring damping strut)

图 5-18　空气悬架（宝马 7 系）

1—上部件顶部（upper part top）；2—下部件顶部（top of the lower part）；3—膜片折叠气囊（diaphragm folding airbag）；4—防尘套（dust cover）；5—电子减振器控制系统（EDC）调节阀（EDC control valve）；6—减振器筒（shock absorber tube）；7—减振器调节装置电气接口（electrical interface of shock absorber adjustment device）；8—带集成式剩余压力保持阀的气动接口（pneumatic interface with integrated residual pressure holding valve）

电子减振器控制系统（EDC）由以下组件构成（如图5-19所示）：分别带有两个调节阀的四个电动调式式减振器；垂直动态管理平台（VDP）控制单元；用于探测车轮移动的四个车辆高度传感器；用于探测车身移动（提升、俯仰和侧倾）的传感器组件。

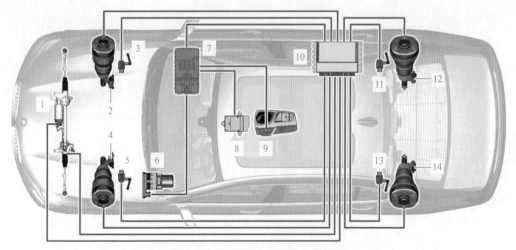

图 5-19　电子减振器控制系统（EDC）

1—电子助力转向系统（EPS）（电动机械式助力转向系统）；2—右前减振器调节装置调节阀；3—右前车辆高度传感器；4—左前减振器调节装置调节阀；5—左前车辆高度传感器；6—动态稳定控制系统（DSC）；7—车身域控制器（BDC）；8—碰撞和安全模块（ACSM-High）；9—驾驶体验开关；10—垂直动态管理平台（VDP）；11—右后车辆高度传感器；12—右后减振器调节装置调节阀；13—左后车辆高度传感器；14—左后减振器调节装置调节阀

电子调节式减振器是带有相应空气弹簧减振支柱的单元，无法单独更换。在减振器上有两个电动调节阀，可通过该调节阀对调节式减振器的拉伸和压缩阶段分别进行调节。由此可完美抵消车身和车轮振动。减振器是一个单筒充气支撑杆。图 5-20 展示了电动调节式减振器的内部结构。

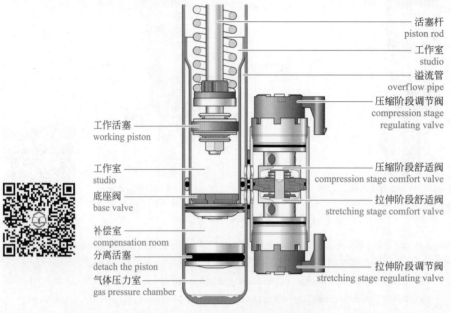

图 5-20　EDC 减振器结构

通过快速处理数据和控制电动主动式侧倾稳定杆（EARS）可迅速抵消出现的侧倾力矩。EARS 系统组成部件如图 5-21 所示。

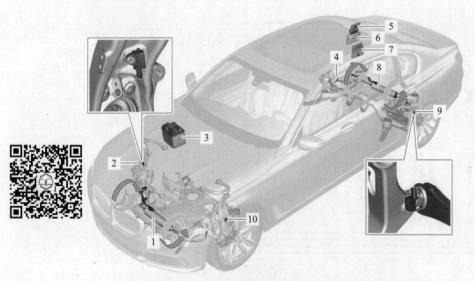

图 5-21　电动主动式侧倾稳定杆（EARS）系统

1—前桥电动主动式侧倾稳定杆（EARSV）；2—右前车轮加速度传感器；3—发动机室 12V 蓄电池（车载网络支持措施）；4—右后车轮加速度传感器；5—垂直动态管理平台（VDP）；6—右后配电盒；7—电源控制单元（PCU）（500W DC/DC 转换器）；8—后桥电动主动式侧倾稳定杆（EARSH）；9—左后车轮加速度传感器；10—左前车轮加速度传感器

主动式稳定杆接收垂直动态管理平台（VDP）的调节请求。两个主动式稳定杆控制单元（EARSV/EARSH）读取并处理总线电码；通过控制电机使两个稳定杆部分相对扭转；在永励式同步电机内进行集中能量转化，通过设定的旋转磁场对电机的转动方向、转矩和转速进行调节。电动主动式稳定杆剖面如图 5-22 所示。

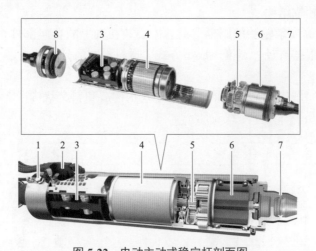

图 5-22　电动主动式稳定杆剖面图
1—接地点；2—电气接口；3—控制单元（EARSV/EARSH）；4—电机；5—三级行星齿轮箱；
6—隔离元件；7—稳定杆连杆；8—力矩传感器

5.2.2　车轮与轮胎

（1）车轮

车轮通常由两个主要部件——轮辋和轮辐组成。轮辋是车轮上安装和支承轮胎的部件，轮辐是车轮上介于车轴和轮辋之间的支承部件。车轮除上述部件外，有时还包含轮毂。车轮结构如图 5-23 所示。

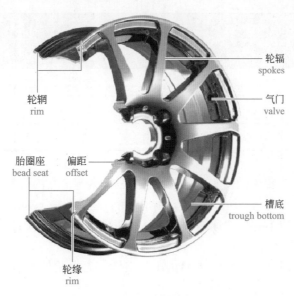

轮辐 spokes

气门 valve

轮辋 rim

胎圈座 bead seat

偏距 offset

槽底 trough bottom

轮缘 rim

图 5-23　车轮结构

轮辋与轮辐组成车轮。轮辋和轮辐可以是整体式的、永久连接式的或可拆卸式的。

轮辐是保护车辆车轮的轮圈、辐条的装置，其特征是一对圆形罩板，罩板的直径大小和轮圈的直径大小相接近。按照轮辐的结构，车轮分为辐板式和辐条式，目前主流的家用轿车均采用辐板式轮辐结构。

轮毂是轮胎内廓支承轮胎的圆桶形的、中心装在轴上的金属部件，又叫轮圈、钢圈、轱辘、胎铃。轮毂根据直径、宽度、成型方式、材料不同区分，种类繁多。

（2）轮胎

轮胎根据胎体帘线层排列的不同，有子午线状构造和斜交状构造2种类型，如图5-24所示。轿车用轮胎几乎都是子午线轮胎。

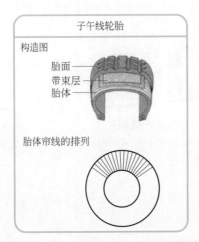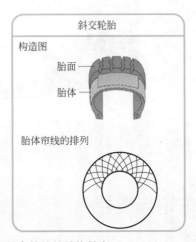

图5-24 子午线轮胎与斜交轮胎的结构特点

轿车与商用车（货车和客车）应用的子午线轮胎的材料有些不同，如表5-1所示。

表5-1 不同材料的子午线轮胎

应用车型	通称	材料	
		胎体	带束层
轿车	钢丝子午线	合成纤维	钢丝
小型货车	钢丝子午线	合成纤维	钢丝
货车及公共汽车	全钢子午线	钢丝	钢丝

无内胎轮胎是以在轮胎的内侧贴合透气性低的特殊橡胶（内衬）的一体化构造来代替内胎的轮胎。因为没有内胎，所以不会发生由内胎引起的故障，如图5-25所示。无内胎轮胎即使被钉子等刺穿也不容易快速漏气，能够提高行驶安全性。因为轮胎内部的空气直接与轮辋接触，所以散热性较好。

在轮胎侧面，子午线轮胎有"RADIAL"字样，无内胎轮胎有"TUBELESS"字样。汽车轮胎常见标识及含义见图5-26。

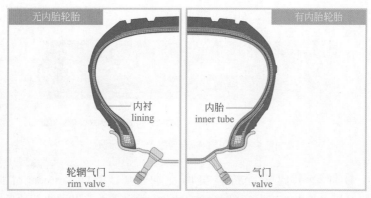

图 5-25　有内胎与无内胎轮胎

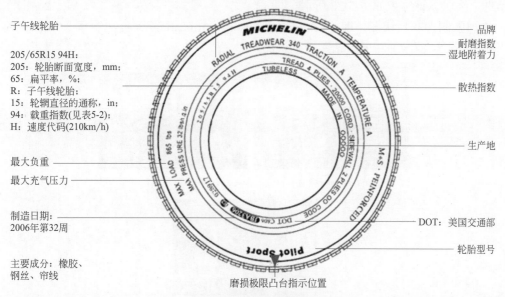

子午线轮胎

205/65R15 94H：
205：轮胎断面宽度，mm；
65：扁平率，%；
R：子午线轮胎；
15：轮辋直径的通称，in；
94：载重指数(见表5-2)；
H：速度代码(210km/h)

最大负重

最大充气压力

制造日期：
2006年第32周

主要成分：橡胶、
钢丝、帘线

品牌
耐磨指数
湿地附着力

散热指数

生产地

DOT：美国交通部

轮胎型号

磨损极限凸台指示位置

图 5-26　轮胎上标识含义

表 5-2　轮胎载重指数与速度等级参数

载重指数	每条轮胎载重/kg	载重指数	每条轮胎载重/kg	载重指数	每条轮胎载重/kg	载重指数	每条轮胎载重/kg	载重指数	每条轮胎载重/kg	速度符号	速度/（km/h）
										J	100
								114	1180	K	110
62	265	75	387	88	560	101	825	115	1215	L	120
63	272	76	400	89	580	102	850	116	1250	M	130
64	280	77	412	90	600	103	875	117	1285	N	140
65	290	78	425	91	615	104	900	118	1320	P	150
66	300	79	437	92	630	105	925	119	1360	Q	160
67	307	80	450	93	650	106	950	120	1400	R	170
68	315	81	462	94	670	107	975	121	1450	S	180
69	325	82	475	95	690	108	1000	122	1500	T	190
70	335	83	487	96	710	109	1030	123	1550	H	210
71	345	84	500	97	730	110	1160	124	1600	V	240
72	355	85	515	98	750	111	1090	125	1650	W	270
73	365	86	530	99	775	112	1120			Y	300
74	375	87	545	100	800	113	1150			VR	> 210
										ZR	> 240

轮胎生产日期标识位置及含义如图 5-27 所示。

0803：制造日期为2003年第8周

图 5-27　DOT 标志与生产日期标识

图 5-27 中，DOT 表示此轮胎符合美国交通部（U.S. Department of Transportation，DOT）规定的安全标准。"DOT"后面紧挨着的 11 位数字或字母则为此轮胎的识别号码或序列号。各种认证标识如图 5-28 所示。

中国强制性产品认证，即"China compulsory certification"，英文缩写"CCC"，简称 3C 认证。图 5-28（c）中的 S 表示安全认证。

(a) In metro(巴西)　　　　(b) ECE(欧洲)

(c) CCC(中国)

图 5-28　强制认证标志

5.2.3　胎压监测系统

轮胎失压显示（RPA）是用于间接测量不同轮胎充气压力的系统。在此并非测量实际轮胎充气压力，而是通过车轮转速传感器持续监控所有车轮的滚动周长。轮胎压力下降时，相应车轮的转角速度会发生变化。车轮转速传感器可对其进行探测并向动态稳定控制系统（DSC）发送相关信号。车速超过 25km/h 和压力下降约 30% 时，系统会发出警告。在此通过组合仪表内的一个指示灯以及中央信息显示屏内的文本信息向驾驶员发出警告。RPA 组成部件如图 5-29 所示。

RDCi 是一个直接测量系统，通过各车轮的车轮电子装置确定实际轮胎充气压力，组成部件如图 5-30 所示。与 RDC low 不同，RDCi 无需单独的 RDC 控制单元。RDCi 功能集成在动态稳定控制系统（DSC）控制单元内。使用遥控信号接收器作为所有车轮电子装置发送记录的接收装置。它通过数据总线将相关信息发送至 DSC 控制单元。

图 5-29　轮胎失压显示（RPA）系统

1—右前车轮转速传感器；2—中央信息显示屏（不显示轮胎充气压力）；3—右后车轮转速传感器；4—左后车轮转速传感器；5—组合仪表 KOMBI；6—动态稳定控制系统（DSC）；7—左前车轮转速传感器

图 5-30　轮胎压力监控系统 RDCi

1—右前车轮电子装置；2—中央信息显示屏（可显示轮胎充气压力）；3—右后车轮电子装置；4—遥控信号接收器（FBD）；5—左后车轮电子装置；6—组合仪表 KOMBI；7—动态稳定控制系统（DSC）；8—左前车轮电子装置

5.3　制动系统

5.3.1　制动器

汽车制动器是汽车的制动装置，汽车所用的制动器几乎都是摩擦式的，可分为鼓式和盘式两大类。鼓式制动器摩擦副中的旋转元件为制动鼓，其工作表面为圆柱面，结构如图 5-31 所示；盘式制动器的旋转元件则为旋转的制动盘，以端面为工作表面，结构如图 5-32 所示。

图 5-31　鼓式制动器结构

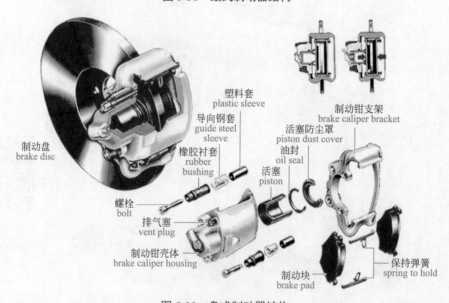

图 5-32　盘式制动器结构

鼓式制动器主要包括制动轮缸、制动蹄、制动鼓、摩擦片、回位弹簧等部分。它主要是通过液压装置使摩擦片与随车轮转动的制动鼓内侧面发生摩擦，从而起到制动的效果。

盘式制动器也叫碟式制动器，主要由制动盘、制动钳、摩擦片、分泵、油管等部分构成。盘式制动器通过液压系统把压力施加到制动钳上，使制动摩擦片与随车轮转动的制动盘发生摩擦，从而达到制动的目的。

5.3.2 电子驻车制动器

驻车制动器，通常是指机动车辆安装的手动刹车（简称手刹），在车辆停下后用于稳定车辆，避免车辆在斜坡路面停车时由于溜车造成事故。电子驻车制动（electrical park brake，EPB）也称"电子手刹"，通过电子线路控制停车制动。电子驻车制动器内部结构如图5-33、图5-34所示。

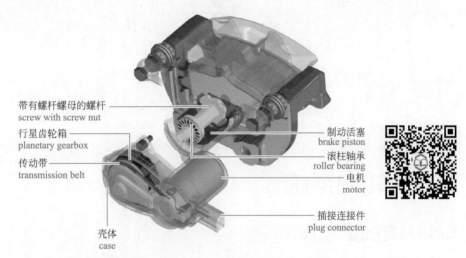

图 5-33　带有制动钳的 EMF 执行机构概览（宝马 5 系）

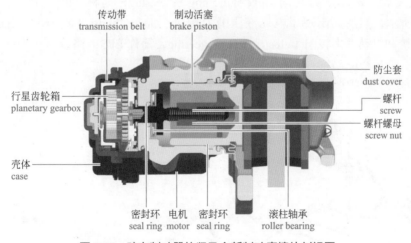

图 5-34　驻车制动器拉紧及全新制动摩擦片剖视图

5.3.3 制动控制系统

汽车制动系统主要由供能装置、控制装置、传动装置和制动器等部分组成，如图5-35所示。

DSC 是 dynamic stability control 的简称，即动态稳定控制系统。这是加速防滑控制或循迹控制系统的进一步延伸。DSC 性能类似德国博世公司的 ESP（电子稳定系统），可在汽车高速运动时提供良好的操控性。

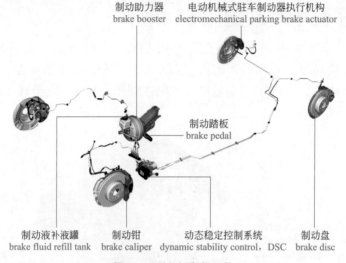

制动助力器
brake booster

电动机械式驻车制动器执行机构
electromechanical parking brake actuator

制动踏板
brake pedal

制动液补液罐
brake fluid refill tank

制动钳
brake caliper

动态稳定控制系统
dynamic stability control，DSC

制动盘
brake disc

图 5-35　制动系统组成

5.4　转向系统

5.4.1　电动助力转向器

汽车转向系统经历了四个发展阶段：从最初的机械式转向（manual steering，简称 MS）系统发展为液压助力转向（hydraulic power steering，简称 HPS）系统，系统组成如图 5-36 所示，然后又出现了电控液压助力转向（electro hydraulic power steering，简称 EHPS）系统和电动助力转向（electric power steering，简称 EPS）系统。

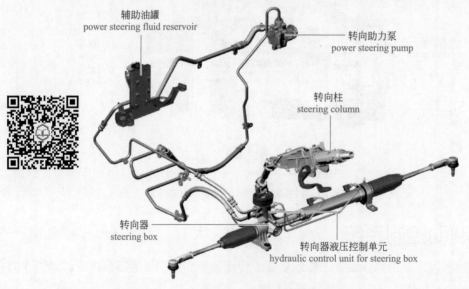

辅助油罐
power steering fluid reservoir

转向助力泵
power steering pump

转向柱
steering column

转向器
steering box

转向器液压控制单元
hydraulic control unit for steering box

图 5-36　液压助力转向系统

以带有平行轴传动机构（APA）和循环球转向器的电动机械式助力转向机构为例，该转向机构的部件有：方向盘、带有转向角传感器 G85 的转向柱开关、转向柱、转向力矩传感器、转向器（循环球式转向器）、电动机械助力转向电机（同步电机）、转向助力控制单元、十字式万向节轴。转向机构组成部件如图 5-37 所示。

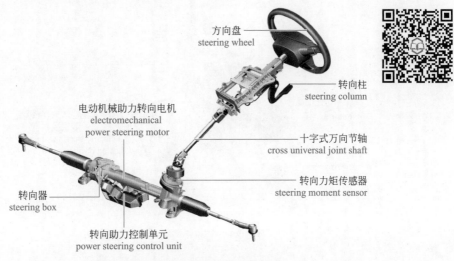

图 5-37　电动助力转向机构组成部件

这种带有平行轴传动机构（APA）和循环球转向器的电动机械式助力转向机构，是目前效率最佳的转向机构之一。这种转向机构的助力单元结构特别且自身摩擦很小，这使得该机构转向感极佳，同时冲击很小。道路的侧面冲击因循环球转向器和电机的惯性质量而被过滤掉了。电动助力转向机构部件分解如图 5-38 所示。

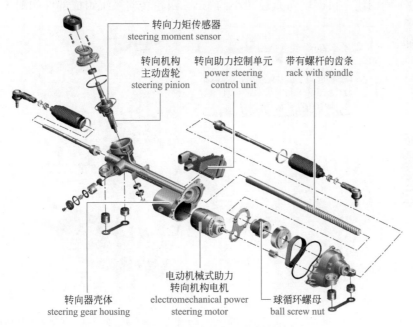

图 5-38　电动助力转向机构部件分解

5.4.2　电动转向柱

带电动纵向和高度调节装置的转向柱可使驾驶员通过无级调节方向盘获得符合人机工程学设计的最佳座椅位置和驾驶位置。电动转向柱调节装置部件如图 5-39 所示。

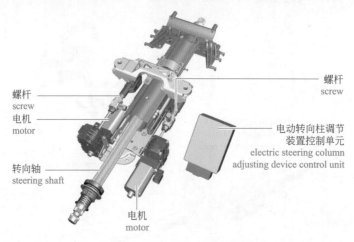

图 5-39　电动转向柱调节装置

5.4.3　四轮转向系统

主动转向系统由可变齿条的电动机械式助力转向系统（运动型转向系统）和后桥侧偏角控制系统（HSR）所组成。根据车辆前端车桥负荷，在前桥上使用一个 12 V 或一个 24 V 转向系统。后桥侧偏角控制系统（HSR）基本上以 12V 电压工作。固定在后桥上的后桥侧偏角控制系统（HSR）可实现最大 ±3° 的后车轮转向角，因此与不带后桥侧偏角控制系统（HSR）的车辆相比，可使转弯直径减小约 1m。四轮转向系统组成部件如图 5-40 所示。

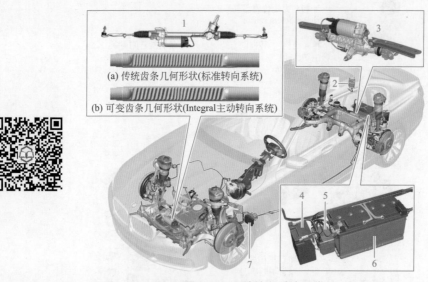

图 5-40　四轮转向系统概览

1— 电子助力转向系统（电动机械式助力转向系统）；2—电源控制单元（PCU）（仅限 24V 转向系统）；
3—后桥侧偏角控制系统（HSR）（Integral 主动转向系统）；4—12V 附加蓄电池（仅限 24V 转向系统）；
5—隔离元件（仅限 24V 转向系统）；6—12V 蓄电池；7—动态稳定控制系统（DSC）

第6章
汽车电气系统

6.1 基本电器

6.1.1 汽车蓄电池

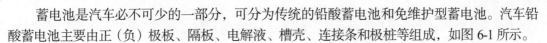

蓄电池是汽车必不可少的一部分，可分为传统的铅酸蓄电池和免维护型蓄电池。汽车铅酸蓄电池主要由正（负）极板、隔板、电解液、槽壳、连接条和极桩等组成，如图6-1所示。

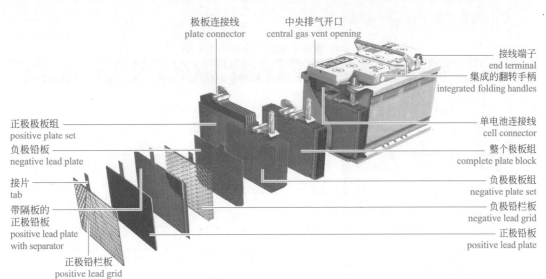

图 6-1　汽车铅酸蓄电池部件分解

一个 12V 蓄电池由六个串联的单电池构成，它们安装在由隔板分隔的壳体中。每个蓄电池的基本模块都是单电池。单电池由一个极板组构成，它是由一个正极板组和一个负极板组组合而成的。极板组由电极和隔板构成。每个电极都是由一个铅栅板和活性物质构成的。隔板（微孔绝缘材料）用于分离不同极性的电极。电极或极板组在充满电时沉浸在浓度 38% 的硫酸溶液（电解液）中。接线端子、单电池和极板连接器由铅制成。正极和负极具有不同的直径，正极总是比负极粗。不同的直径可以避免蓄电池连接错误（防止接错极）。单电池连接线穿过隔板。蓄电池的外壳（模块箱）由耐酸性绝缘材料制成，外面由底板固定蓄电池，上面外壳通过端盖封闭。

汽车蓄电池上有各种标识及连接与检视接口，以大众品牌为例，其具体作用说明如图 6-2 所示。

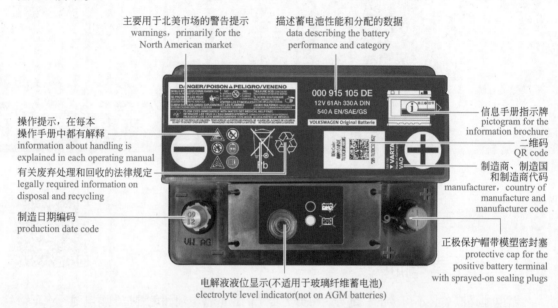

图 6-2　汽车蓄电池标识与接口

蓄电池数据及字母标识说明见表 6-1。

表 6-1　蓄电池数据及字母标识说明

数据及字母标识	说明
000 915 105 DE	大众汽车原厂备件编号
12 V	蓄电池电压，单位：V
61 Ah	额定电量（C20），单位：Ah
330 A DIN	低温试验电流，根据 DIN，单位：A。在 -18℃情况下
540 A EN/SAE/GS	低温试验电流，根据 EN、SAE 和 GS，单位：A。在 -18℃情况下
DIN	德国标准化协会
EN	欧洲标准
SAE	汽车工程师学会
GS	海湾标准（相当于波斯湾沿岸国家的标准）

6.1.2　发电机

汽车发电机是汽车的主要电源，其功用是在发动机正常运转时，向所有用电设备（起动机除外）供电，同时向蓄电池充电。汽车用发电机可分为直流发电机和交流发电机，由于交流发电机在许多方面优于直流发电机，直流发电机已被淘汰。交流发电机部件分解如图 6-3 所示。

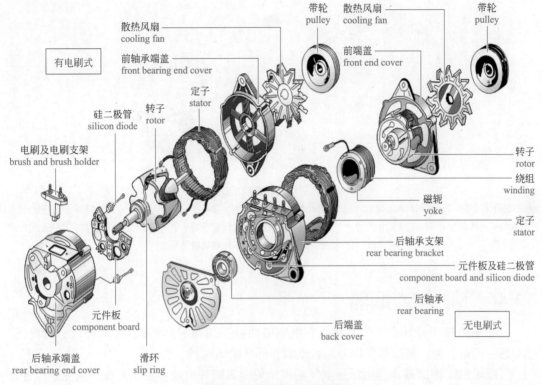

图 6-3　交流发电机部件分解

交流发电机分为定子绕组和转子绕组两部分：三相定子绕组按照电角度彼此相差 120°分布在壳体上；转子绕组由两块极爪组成。当转子绕组接通直流电时即被励磁，两块极爪形成 N 极和 S 极。磁力线由 N 极出发，透过空气间隙进入定子铁芯再回到相邻的 S 极。转子一旦旋转，转子绕组就会切割磁力线，在定子绕组中产生电角度互差 120° 的正弦电动势，即三相交流电，再经由二极管组成的整流元件变为直流电输出。

6.1.3　雨刮与洗涤系统

雨刮系统主要由雨刮器、组合开关的雨刮控制杆、自动及间歇控制单元和回位控制单元组成，有自动、慢速、快速等不同的刮水功能。雨刮与洗涤系统组成部件如图 6-4 所示。

洗涤系统主要由洗涤器、控制开关等组成。向里拨动组合开关右手柄，洗涤器通电工作，向前风窗喷射洗涤液，同时 BCM 检测它的通电时间，并以此控制雨刮器动作相应次数以清洁玻璃。

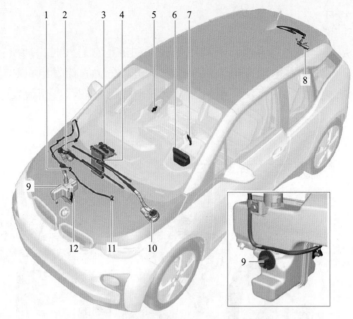

图 6-4　雨刮与洗涤系统的组成部件

1—右侧清洗喷嘴；2—右侧刮水器电机；3—车内配电盒；4—车身控制器；5—晴雨 / 光照 / 水雾传感器；6—组合仪表 KOMBI；7—转向柱开关中心上的组合开关；8—后窗玻璃刮水器及传动装置；9—清洗液液位传感器；10—左侧刮水器电机；11—左侧清洗喷嘴；12—车窗玻璃清洗泵电机

6.1.4　喇叭与点烟器

汽车喇叭按声音动力分为气喇叭和电喇叭两种，如图 6-5 所示；按其外形分为筒形、螺旋形和盆形三种；按发声频率分高音喇叭和低音喇叭两种。

气喇叭的工作原理是利用压缩空气的气流使金属膜片振动而发出声音，因此必须在带有空气压缩机的汽车上方能使用。一般在大客车和重型货车上都装有气喇叭，气喇叭一般采用筒形，并使用高音与低音两个喇叭联合工作。

汽车电喇叭由铁芯、磁性线圈、触点、衔铁、膜片等组成。电喇叭的工作原理是利用电磁吸力使金属膜片振动而发出声音。它是汽车上广泛应用的一种喇叭，按结构形式分为筒形、螺旋形和盆形三种，一般多制成螺旋形或盆形。通常使用的电喇叭根据其工作方式可以分为机械式和电子式两种。其中电子喇叭又分为触点式和无触点式两种。

(a) 气喇叭　　　　　　　　　(b) 电喇叭

图 6-5　气喇叭与电喇叭

点烟器，是汽车的一个设备。传统意义上的点烟器，从汽车电源取电，加热金属电热片或金属电热丝等电热单元，为点烟取火源。随着汽车的发展和人们需求的不断变化，点烟器接口通常可配置车载逆变器，可为移动电子设备充电等。车用点烟器部件外观如图 6-6 所示。

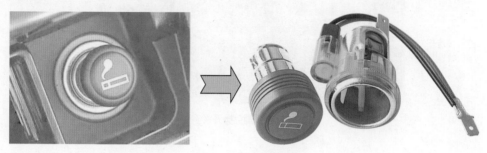

图 6-6　汽车点烟器

6.1.5　组合仪表

现代汽车大多配备组合仪表，不过，在电动汽车上也有取消传统型组合仪表的趋势，如特斯拉的 MODEL 3。组合仪表一般由面罩、边框、表芯、印制电路板、插接器、报警灯及指示灯等部件组成，如图 6-7 所示。有些仪表还带有稳压器和报警蜂鸣器。

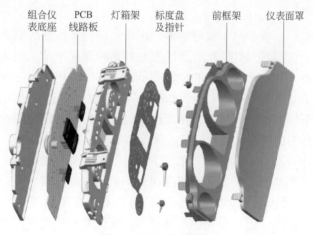

组合仪表底座　PCB 线路板　灯箱架　标度盘及指针　前框架　仪表面罩

图 6-7　组合仪表结构

不同汽车的组合仪表中的仪表个数不同，一般仪表板上主要仪表有：燃油表、冷却液温度表、发动机转速表和车速里程表。仪表板上还有许多指示灯、报警灯、仪表灯等。

6.1.6　控制开关

汽车上电气控制开关种类较多，如点火开关、灯光组合开关、雨刮洗涤开关、转向灯开关、空调开关、车窗玻璃开关、外后视镜开关等，不同的开关控制不同的用电设备。以别克车型为例，部分开关分布位置如图 6-8 所示。

图 6-8　汽车控制开关分布

6.2　照明系统

6.2.1　车外照明

汽车灯具按照功能、功用划分，主要有两个种类：汽车照明灯和汽车信号灯。汽车照明灯按照其安装的位置及功用分为：前照灯、雾灯、牌照灯、仪表灯、顶灯、工作灯。汽车信号灯又包括：转向信号灯、危险报警信号灯、示廓灯、尾灯、制动灯、倒车灯。

前照灯又叫前大灯，装于汽车头部两侧，用于夜间行车道路的照明。雾灯安装于汽车的前部和后部，用于在雨雾天气行车时照明道路和为迎面来车及后面来车提供信号。前雾灯安装在前照灯附近，一般比前照灯的位置稍低；后雾灯采用单只时，应安装在车辆纵向平面的左侧，与制动灯间的距离应大于 100mm，后雾灯灯光光色为红色，以警示尾随车辆保持安全距离。倒车灯装于汽车尾部，用于倒车时汽车后方道路照明和警告其他车辆和行人。牌照灯用于照亮车辆牌照，装在汽车尾部牌照的上方或左右两侧。

转向信号灯装于汽车前、后、左、右角，用于汽车转弯时发出明暗交替的闪光信号。危险报警信号灯用于车辆遇到紧急危险情况时，同时点亮前、后、左、右转向灯以发出警告信号。制动灯用于指示车辆的制动或减速信号，安装在车尾两侧。示廓灯安装在汽车前、后、左、右侧的边缘，用于夜间行车时标示汽车的宽度和高度，因此也相应地被称为"示宽灯"和"示高灯"。以丰田卡罗拉车型为例，主要照明与信号灯光部件位置如图 6-9 所示。

6.2.2　车内照明

汽车内部照明系统由顶灯、仪表灯、踏步灯、工作灯、行李厢灯等组成，主要作用是为驾驶员、乘客提供方便。顶灯，安装在驾驶室或车厢内顶部，为驾驶室或车厢内的照明灯具；仪表灯，安装于仪表盘内，用来照明汽车仪表；踏步灯，一般安装在汽车的上下车台阶的左右两侧，用来照明车门的踏步处，方便乘客上下车；行李厢灯，轿车行李厢内的灯具；阅读灯，装于乘员座位前部或顶部；门灯，装于轿车外张式车门内侧底部，开启车门时，门灯发亮。车辆内部照明灯如图 6-10 所示。

图 6-9　车辆外部照明信号灯

图 6-10　车辆内部照明灯

6.3　车窗、门锁、天窗

6.3.1　电动车窗

　　电动车窗系统由车窗、车窗玻璃升降器、电动机、继电器、开关和 ECU 等装置组成。其中，玻璃升降器是电动车窗的主要部件，根据机械升降机构的不同工作原理，可分为 3 种形式：绳轮式、叉臂式和软轴式。

　　叉臂式玻璃升降器主要由扇形齿板、玻璃导轨和调节器等组成，如图 6-11 所示。扇形齿板利用驱动电动机的棘轮进行转动，使玻璃沿导轨做上下移动，主要用于玻璃圆弧较大的载货汽车、面包车及中低档轿车中。

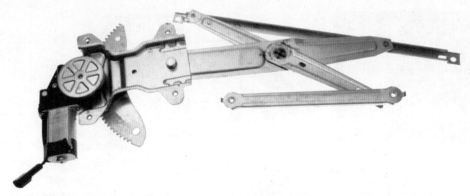

图 6-11 叉臂式玻璃升降器

绳轮式玻璃升降器由滑轮、钢丝绳、张力器和张力滑轮等组成，如图 6-12（a）所示。它通过驱动电动机拉动钢丝绳来控制门窗玻璃的升降，可用于各种圆弧玻璃的车型中，但由于安装空间要求较大，主要用于玻璃圆弧较小的中高档轿车和高档面包车中。

软轴式电动玻璃升降器可用于各种玻璃圆弧的车型中，如图 6-12（b）所示，但运行噪声较大，主要用于玻璃圆弧适中的面包车和中低档轿车中。

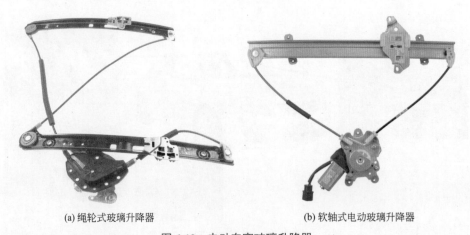

(a) 绳轮式玻璃升降器 　　　　　　(b) 软轴式电动玻璃升降器

图 6-12　电动车窗玻璃升降器

6.3.2　电动门锁

中控门锁的工作原理是将电能转化为机械能，用电动机带动齿轮转动来开关车门。基本组成主要为门锁开关、门锁执行机构、门锁控制器。中控门锁系统部件如图 6-13 所示。

大多数中控门锁的开关由总开关和分开关组成：总开关装在驾驶员身旁的车门上，可将全车所有车门锁住或打开；分开关装在其他各车门上，可单独控制一个车门。门锁执行机构受门锁控制器的控制，执行门锁的锁定和开启任务，主要有电磁式、直流电动机式和永磁电动机式三种结构。门锁控制器是为门锁执行机构提供锁 / 开脉冲电流的控制装置，具有控制执行机构通电电流方向的功能，同时为了缩短工作时间，具有定时的功能；按其控制原理大体可分为晶体管式、电容式和车速感应式。

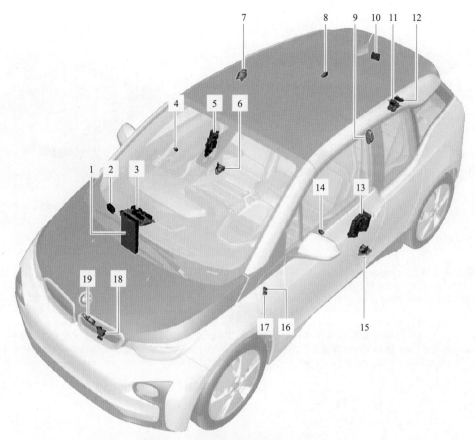

图 6-13 中控门锁系统部件（宝马 i3）

1—车身控制器；2—遥控信号接收器；3—车内配电盒；4—前乘客侧前部车门上的中控锁按钮（仅限
美国规格车辆）；5—前乘客侧前部车门触点、中控锁；6—前乘客侧后部车门触点、中控锁、下部车锁；
7—前乘客侧后部车门触点、中控锁、上部车锁；8—行李厢照明灯；9—驾驶员侧后部车门触点、中控
锁、上部车锁；10—抗干扰滤波器；11—带行李厢盖锁的行李厢盖接触开关；12—行李厢盖外侧的行
李厢盖按钮；13—驾驶员侧前部车门触点、中控锁；14—驾驶员侧前部车门上的中控锁按钮；15—驾
驶员侧后部车门触点、中控锁、下部车锁；16—发动机室盖按钮；17—行李厢盖按钮；18—发动机室
盖锁开锁电机；19—发动机室盖锁内的发动机室盖接触开关

6.3.3 电动天窗

　　全景玻璃天窗与传统滑动 / 外翻式玻璃天窗相比，改善了后座区乘员的空间感。前部
玻璃盖板可向外移动到后部玻璃面上方。后部玻璃盖板是固定的，作为滑动面用于确保车
身刚度。为了起到防晒和隔音作用，全景玻璃天窗带有两个全景天窗遮阳卷帘，分别用于
前部和后部车顶内衬区域。全景天窗组成部件如图 6-14 所示。

　　两个全景天窗遮阳卷帘可以无级方式彼此独立地打开和关闭。在自动关闭期间执行防
夹保护功能。通过相应电机对前部玻璃盖板和全景天窗遮阳卷帘进行驱动。通过立管将驱
动力传至导轨内的滑块。

　　前部玻璃盖板的全景天窗照明装置触点位于全景天窗框架前部区域左右两侧。全景天
窗框架结构如图 6-15 所示。

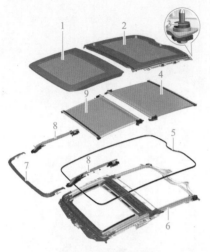

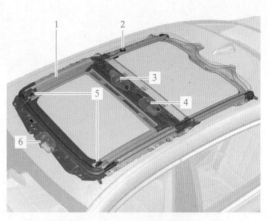

图 6-14　全景天窗

1—前部玻璃盖板（front glass cover）；2—后部玻璃盖板（rear glass cover）；3—后部玻璃盖板调节螺钉（rear glass cover adjustments crew）；4—后部全景天窗遮阳卷帘（sunshade, rear panoramic sunroof）；5—密封条（sealing strip）；6—全景天窗框架（panoramic sunroof frame）；7—导风板（baffle）；8—前部玻璃盖板竖起机构（erecting mechanism for front glass cover）；9—前部全景天窗遮阳卷帘（sunshade, front panoramic sunroof）

图 6-15　全景天窗框架

1—全景天窗框架（panoramic sunroof frame）；2—全景天窗遮阳卷帘连接插头（panoramic sunroof sunshade roller blind connection plug）；3—后部全景天窗遮阳卷帘驱动单元（rear panoramic sunroof sunshade roller blind drive unit）；4—前部全景天窗遮阳卷帘驱动单元（front panoramic sunroof sunshade roller blind drive unit）；5—全景天窗照明装置触点（panoramic sunroof lighting device contacts）；6—前部玻璃盖板驱动单元（front glass cover drive unit）

6.4　影音娱乐系统

6.4.1　基本音响系统

汽车音响系统包括天线、接收装置、播放器、功率放大器及扬声器系统 5 个部分。天线用于接收广播电台的发射电波，通过高频电缆向无线电调频装置传送。接收装置：由无线电调谐装置将电台发射的高频电磁波有选择地接收，并解调为音频电信号。功率放大器用于将微弱的音频信号放大到可推动扬声器的足够功率。扬声器是最终决定车厢内音响性能的重要部件。

扬声器口径的大小和在车上安装的方法、位置是决定音响性能的重要因素，为欣赏立体声，车上至少要装 2 个扬声器。以奥迪 A3 车型为例，基本音响系统喇叭布置如图 6-16 所示。

图 6-16　基本音响系统

6.4.2　高级音响系统

有 3D 音效的 Bang & Olufsen 音响系统总功率约为 705W。5.1 环绕声音响能够提供极致的听觉享受。外部音频放大器（数字式组合音响控制单元）有 15 个声道，共控制 13 个扬声器和一个重低音扬声器。其中重低音扬声器通过两个声道控制。外部音频放大器位于左前座椅下面，通过 MOST 总线与信息电子系统控制单元相连。车身喇叭分布如图 6-17 所示。

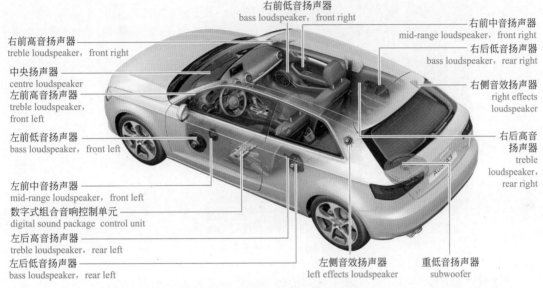

图 6-17　高级音响系统喇叭分布

6.4.3　汽车天线

汽车天线从外观上区分，主要有以下三种形式：鞭形天线、鲨鱼鳍天线和内置天线。以奥迪 A6L 车型为例，天线位于车辆后部和车顶上，如图 6-18 所示。

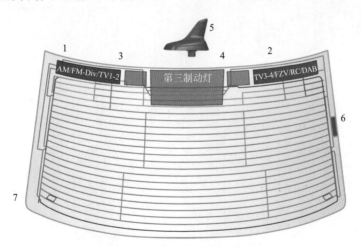

图 6-18　汽车天线（奥迪 A6L）

1—收音机 / 天线放大器；2—遥控中央门锁（FZV）/ 天线放大器；3—GPS/ 导航天线；4—手机天线 / 电话、导航和驻车加热天线（美规）；5—车顶天线 / 收音机、电话和导航天线；6—带阻滤波器；7—Telepass 天线

6.4.4 可伸缩显示屏

有的汽车的中央显示屏可隐身于仪表台，在需要的时候自动弹出。以奥迪 Q7 车型为例，显示屏运动机构安装位置如图 6-19 所示。

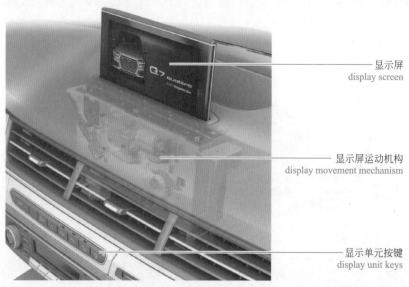

显示屏
display screen

显示屏运动机构
display movement mechanism

显示单元按键
display unit keys

图 6-19　伸缩式显示屏

奥迪 Q7 所配置的显示屏运动机构可以使显示屏从仪表板中垂直升高。

运动机构本身包括：显示屏伸出和缩回电机、显示屏伸出限位开关、显示屏缩回限位开关、位置识别霍尔传感器、导向销、提升臂、弹簧（在伸出时补偿间隙并平衡重量）。显示屏运动机构结构如图 6-20 所示。

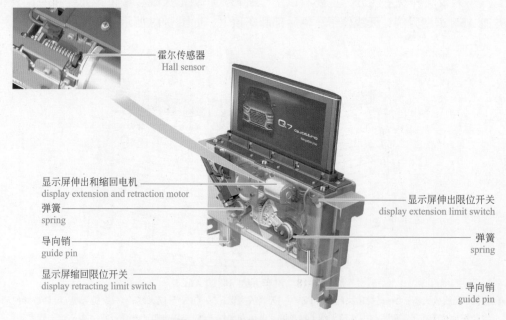

霍尔传感器
Hall sensor

显示屏伸出和缩回电机
display extension and retraction motor

弹簧
spring

导向销
guide pin

显示屏缩回限位开关
display retracting limit switch

显示屏伸出限位开关
display extension limit switch

弹簧
spring

导向销
guide pin

图 6-20　显示屏运动机构结构

6.5 空调系统

6.5.1 汽车空调概述

现代汽车空调系统由制冷系统、供暖系统、通风和空气净化装置及控制系统组成。系统组成部件如图 6-21 所示。空调系统组成部件实体如图 6-22 所示。

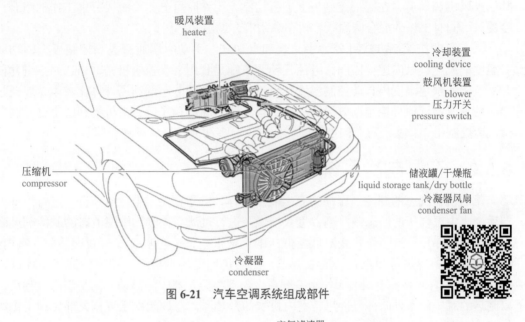

暖风装置 heater
冷却装置 cooling device
鼓风机装置 blower
压力开关 pressure switch
压缩机 compressor
储液罐/干燥瓶 liquid storage tank/dry bottle
冷凝器风扇 condenser fan
冷凝器 condenser

图 6-21 汽车空调系统组成部件

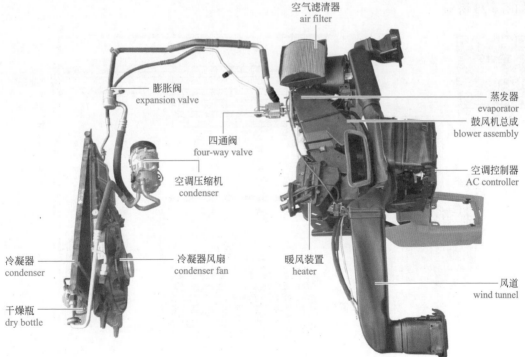

空气滤清器 air filter
膨胀阀 expansion valve
四通阀 four-way valve
空调压缩机 condenser
蒸发器 evaporator
鼓风机总成 blower assembly
空调控制器 AC controller
冷凝器 condenser
冷凝器风扇 condenser fan
暖风装置 heater
风道 wind tunnel
干燥瓶 dry bottle

图 6-22 空调系统组成部件实体

汽车空调按驱动方式可分为独立式和非独立式。独立式空调专用一台发动机驱动压缩机，制冷量大，工作稳定，但成本高，体积及重量大，多用于大、中型客车。非独立式空调的压缩机由汽车发动机驱动，制冷性能受发动机工作影响较大，稳定性差，多用于小型客车和轿车。

汽车空调按空调性能分为单一功能型和冷暖一体型。前者将制冷、供暖、通风系统各自安装、单独操作，互不干涉，多用于大型客车和载货汽车上；后者的制冷、供暖、通风共用鼓风机和风道，在同一控制板上进行控制，工作时可分为冷暖风分别工作的组合式和冷暖风可同时工作的混合调温式。轿车多用混合调温式。

汽车空调按控制方式可分为手动式和自动式。手动空调通过拨动控制板上的功能键对温度、风速、风向进行控制，电控气动调节则是利用真空控制机构，当选好空调功能键时，就能在预定温度内自动控制温度和风量。全自动调节空调利用计算比较电路，通过传感器信号及预调信号控制调节机构工作，自动调节温度和风量；微机控制的全自动调节以微机为控制中心，实现对车内空气环境全方位、多功能的最佳控制和调节。

6.5.2　空调制冷系统

压缩机将气态的制冷剂压缩为高温高压气体，并送至冷凝器（室外机）进行冷却，冷却后变成中温高压的液态制冷剂，进入干燥瓶进行过滤与去湿。中温液态的制冷剂经膨胀阀（节流部件）节流降压，变成低温低压的气液混合体（液体多），经过蒸发器（室内机）时吸收空气中的热量而汽化，变成气态，然后再回到压缩机继续压缩，继续循环进行制冷。制热的时候有一个四通阀使制冷剂在冷凝器与蒸发器中的流动方向与制冷时相反，所以制热的时候向室外吹的是冷风，室内机吹的是热风。空调制冷系统相关部件和工作原理如图 6-23 所示。

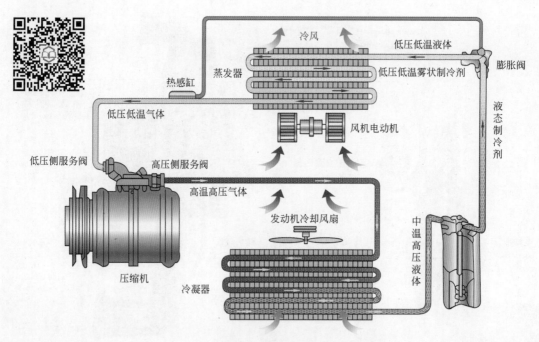

图 6-23　空调制冷系统相关部件与工作原理

6.5.3　空调暖风系统

汽车空调暖风系统（简称暖风系统）的作用主要是为车内提供暖气及风窗除霜并调节空气。它是将车内空气或进入车内的外部空气送入热交换器，吸收某种热能量，从而提高空气的温度，并利用鼓风机将热空气送入车内，提高车内的温度的一种装置。冬季取暖：汽车空调可以向车室内提供暖风，提高车室内的温度，使乘员不再感觉到寒冷。风窗玻璃除霜、除雾：冬季或者初春，室内外温差较大，车窗玻璃会结霜或起雾，影响驾驶员和乘客的视线，不利于安全行车，这时可以用暖风来除去玻璃上的霜和雾。

暖风系统的分类：汽车空调的暖风装置有很多种，主要分类方式有根据热源不同分类和按空气循环方式不同分类两种。

根据热源不同分类，可将暖风系统分为热水暖风系统、独立燃烧暖风系统、综合预热暖风系统和气暖暖风系统。热水暖风系统利用的是发动机冷却液的热量，这种系统大多用于轿车、大货车及要求不高的大客车上。目前在汽车上使用最为广泛的是水暖式和燃烧式暖风系统。

按空气循环方式不同分类，可将暖风系统分为内循环式、外循环式和内外混合循环式三种。内循环式：利用车室内空气循环，将车室内用过的空气作为载热体通过热交换器升温，升温后的空气再进入车室内供取暖用。外循环式：利用车外空气循环，全部用车外新鲜空气作为载热体通过热交换升温，升温后的空气再进入车室内供取暖用，高级轿车通常采取这种方式。内外混合循环式：既引进车外新鲜空气，又利用部分车室内空气作为载热体通过热交换器升温，升温后的空气再进入车室内供取暖用；其介于内循环式和外循环式之间，是当前应用最广泛的方式。

轿车上一般采用发动机的冷却液进行供暖，称为水暖式供暖系统。该系统利用冷却液作为热源，将冷却液引入热交换器（加热器），然后利用鼓风机将车厢内的空气吹过热交换器，从而使车厢温度升高。

6.5.4　自动空调系统

自动空调系统是"汽车全自动空调系统"的简称，主要由空调制冷系统、供暖通风系统和自动控制系统三大部分组成。控制执行部件包括冷凝器电动机、蒸发器电动机、混合气流电动机、气流方式电动机等，用以控制冷暖气组合，开启或关闭正面、侧面和脚部的出风口。此外，系统还具有自检及故障报警的功能。

自动空调控制系统的传感器一般有车厢内温度传感器、车厢外温度传感器、蒸发器温度传感器、太阳能传感器、水温传感器等。其中水温传感器位于发动机出水口，它将冷却水温度反馈至ECU，当水温过高时ECU能够断开压缩机离合器而保护发动机，同时也使ECU依据水温控制冷却水通往加热芯的阀门。有些轿车的自动空调还装有红外温度传感器，专门探测乘员面部的表面皮肤温度。当传感器检测到人体皮肤温度时也将其反馈到ECU。这样，ECU有多种传感器的温度数据输入，就能更精确地控制空调。自动空调系统组成部件如图6-24所示。

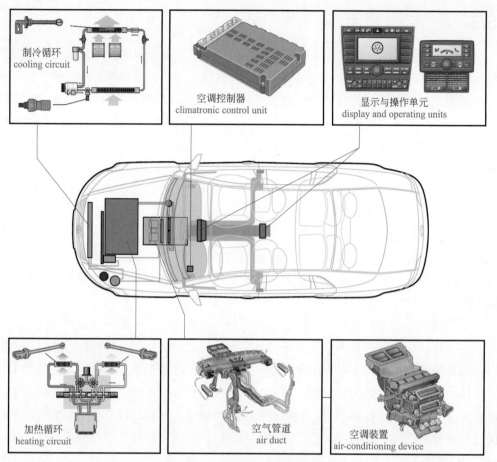

图 6-24 自动空调系统组成部件

制冷循环
cooling circuit

空调控制器
climatronic control unit

显示与操作单元
display and operating units

加热循环
heating circuit

空气管道
air duct

空调装置
air-conditioning device

6.6 安全系统

6.6.1 安全气囊与安全带

安全气囊分布在车内前方（正、副驾驶位）、侧方（车内前排和后排）和车顶三个方向。在装有安全气囊系统的容器外部都印有"Supplemental Inflatable Restraint System"（简称 SRS）的字样。汽车安全带就是在汽车上用于车身受到猛烈撞击时减少乘客及驾驶员所受伤害的装置。

汽车与障碍物碰撞，称为一次碰撞；乘员与车内构件发生碰撞，称为二次碰撞。气囊在一次碰撞后、二次碰撞前迅速打开一个充满气体的气垫，使乘员因惯性而移动时"扑"在气垫上从而缓和乘员受到的冲击并吸收碰撞能量，减轻乘员的受伤害程度。

安全气囊一般由传感器（sensor）、电控单元（ECU）、气体发生器（inflator）、气囊（bag）、时钟弹簧（clockspring）等组成，通常气体发生器和气囊等一起构成气囊模块（airbag module）。传感器感受汽车碰撞强度，并将感受到的信号传送到控制器，控制器接收传感器的信号并进行处理，当它判断有必要打开气囊时，立即发出点火信号以触发气体发生器，气体发生器接收到点火信号后，迅速点火并产生大量气体给气囊充气。安全气囊系统组成部件如图 6-25 所示。由于视图的原因，图中车辆右侧安装的碰撞传感器和安全带张紧器都无法看到，但它们的布置与左侧的情况是相同的。

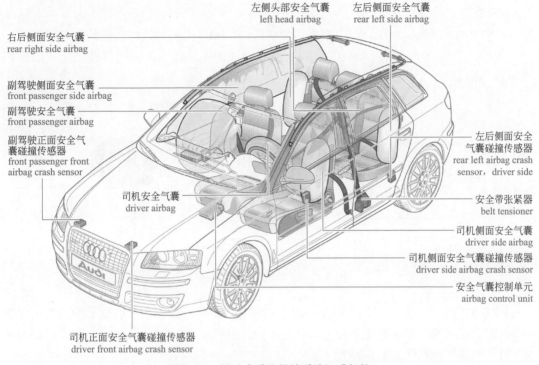

右后侧面安全气囊
rear right side airbag

左侧头部安全气囊
left head airbag

左后侧面安全气囊
rear left side airbag

副驾驶侧面安全气囊
front passenger side airbag

副驾驶安全气囊
front passenger airbag

副驾驶正面安全气囊碰撞传感器
front passenger front airbag crash sensor

司机安全气囊
driver airbag

司机正面安全气囊碰撞传感器
driver front airbag crash sensor

左后侧面安全气囊碰撞传感器
rear left airbag crash sensor，driver side

安全带张紧器
belt tensioner

司机侧面安全气囊
driver side airbag

司机侧面安全气囊碰撞传感器
driver side airbag crash sensor

安全气囊控制单元
airbag control unit

图 6-25　被动式乘员保护系统组成部件

当发生碰撞事故时，安全带将乘员"约束"在座椅上，使乘员的身体不至于撞到方向盘、仪表板和风窗玻璃上，避免乘员发生二次碰撞；同时避免乘员在车辆发生翻滚等危险情况下被抛离座位。汽车上安全带布置与结构如图 6-26 所示。

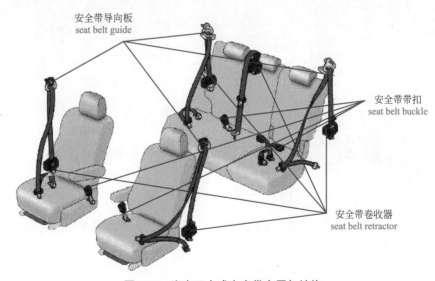

安全带导向板
seat belt guide

安全带带扣
seat belt buckle

安全带卷收器
seat belt retractor

图 6-26　汽车三点式安全带布置与结构

6.6.2 汽车防盗系统

汽车上的防盗系统可分为以下三类：发动机防盗锁止系统（immobilization，IMMO）、遥控门锁（remote keyless entry，RKE）、无钥匙进入及启动系统（passive entry passive start，PEPS）。

目前 IMMO 和 RKE 在原车中应用最为广泛。IMMO 主要通过将加密的芯片置于钥匙中，在开锁的过程中，通过车身的射频收发器验证钥匙是否匹配来控制发动机，原理如图 6-27 所示。

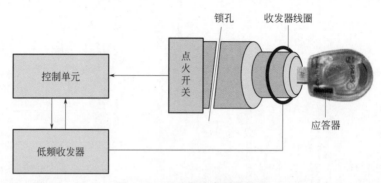

图 6-27　发动机防盗系统原理

RKE 的主要工作原理是车主按下钥匙上的按钮，钥匙端发出信号，信号中包含相应的命令信息，汽车端天线接收电波信号，经过车身控制模块（BCM）认证后，由执行器实现启/闭锁的动作。原理如图 6-28 所示。

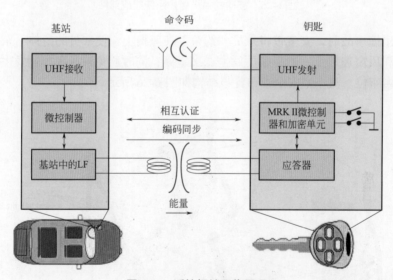

图 6-28　遥控门锁工作原理

无钥匙进入系统（PKE）：在 RKE 基础之上发展起来，采用 RFID 技术，类似于智能卡。当驾驶者踏进指定范围时，该系统进行识别判断，如果是合法授权的驾驶者则进行自动开门。上车之后，驾驶者只需要按一个按钮即可启动点火开关，原理如图 6-29 所示。

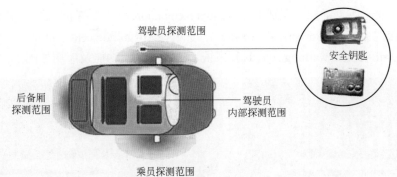

图 6-29 无钥匙进入系统原理

6.7 驾驶辅助系统

6.7.1 驾驶辅助功能

高级驾驶辅助系统（ADAS）采用的传感器主要有摄像头、雷达、激光和超声波等，可以探测光、热、压力或其他用于监测汽车状态的变量，通常位于车辆的前后保险杠、侧视镜、驾驶杆内部或者挡风玻璃上。各类传感器组成及探测范围如图 6-30 所示。

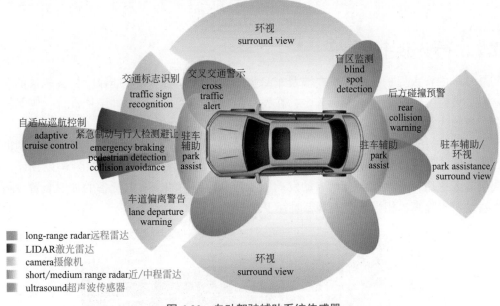

图 6-30 自动驾驶辅助系统传感器

汽车高级辅助驾驶系统通常包括导航与实时交通系统（TMC）、电子警察系统（intelligent speed adaptation 或 intelligent speed advice，ISA）、车联网（internet of vehicles）、自适应巡航（adaptive cruise control，ACC）、车道偏移报警系统（lane departure warning system，LDWS）、车道保持系统（lane keep assistance）、碰撞避免或预碰撞系统（collision avoidance system 或 precrash system）、夜视系统（night vision system）、自适应灯光控制（adaptive light control）、行人保护系统（pedestrian protection system）、自动泊车系统

（automatic parking）、交通标志识别（traffic sign recognition）、盲点探测（blind spot detection）、驾驶员疲劳探测（driver drowsiness detection）、下坡控制（hill descent control）系统和电动汽车报警（electric vehicle warning sounds）系统。多类子系统功能及应用如图 6-31 所示。

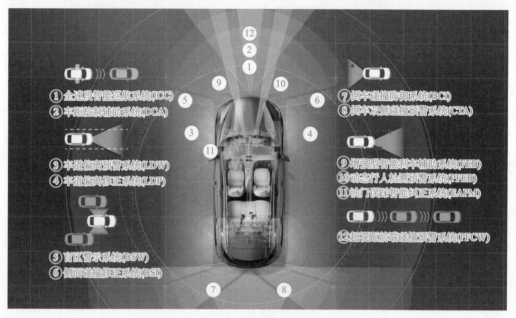

① 全速域智能巡航系统(ICC)
② 车距控制辅助系统(DCA)
③ 车道偏离预警系统(LDW)
④ 车道偏离修正系统(LDP)
⑤ 盲区警示系统(BSW)
⑥ 侧面碰撞修正系统(BSI)
⑦ 倒车碰撞防御系统(BCI)
⑧ 倒车双侧碰撞预警系统(CTA)
⑨ 增强型智能刹车辅助系统(PEB)
⑩ 动态行人检测预警系统(PFEB)
⑪ 油门误踩智能纠正系统(EAPM)
⑫ 超视距前端碰撞预警系统(PFCW)

图 6-31　驾驶辅助系统

6.7.2　行人保护系统

最基本的行人保护技术，主要涉及车身吸能材料的应用，如吸能保险杠、软性的引擎盖材料、大灯及附件无锐角等。其中，在发动机舱盖段面上采用缓冲结构设计，则是国内汽车厂商较为常见的做法。

主动防护发动机罩系统利用发动机罩弹升技术，使发动机罩在汽车发生碰撞时瞬间鼓起，使人体不是碰撞在坚硬车壳上，而是碰撞在柔性与圆滑的表面上，如图 6-32 所示。在检测到撞人之后，车辆就会自动启动发动机罩弹升控制模块，车内配备的弹射装置便可瞬间将发动机罩提高，相当于在人落下时在下面垫了气垫。

(a) 实物图

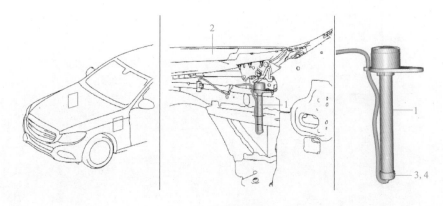

(b) 内部构造

图 6-32　发动机罩升降器

1—发动机罩升降器；2—发动机罩；3—左侧保护性发动机罩触发器；4—右侧保护性发动机罩触发器

6.7.3　安全警示系统

（1）汽车防撞预警系统

汽车防撞预警系统主要用于协助驾驶员避免高速、低速追尾，高速中无意识偏离车道，与行人碰撞等重大交通事故。它像第三只眼一样帮助驾驶员，持续不断地检测车辆前方道路状况，系统可以识别判断各种潜在的危险情况，并通过不同的声音和视觉提醒，以帮助驾驶员避免或减缓碰撞事故。图 6-33 所示即为防撞预警系统的交叉行驶警告功能，驶出停车位的示例场景。

汽车防撞预警系统基于智能视频分析处理，主要功能为：车距监测及追尾预警、前方碰撞预警、车道偏离预警、导航功能、黑匣子功能。国内外现有的汽车防撞预警系统，有超声波防撞预警系统、雷达防撞预警系统、激光防撞预警系统、红外线防撞预警系统等。

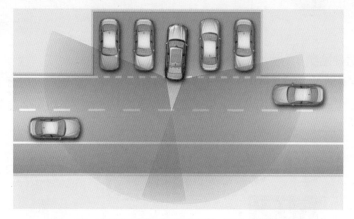

图 6-33　交叉行驶警告系统示例：驶出停车位过程

（2）换车道警告系统

换车道警告系统可识别出本车换车道时可能存在的危险的交通情况，随后分两个等级提醒或警告驾驶员。危险的交通情况包括远处车辆快速从后方驶近本车。这些车辆随即进入如图 6-34 所示的"换车道区域"。

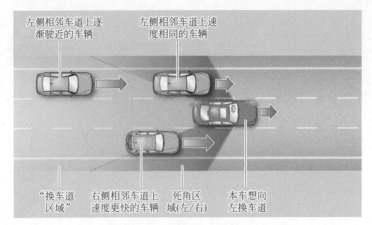

图 6-34　使用换车道警告功能时的典型路况

（3）车门警示辅助系统

打开驾驶员车门时，开门警示辅助系统发出警告的车内情景如图 6-35 所示。

图 6-35　开门警示辅助系统示例

（4）疲劳驾驶检测

疲劳驾驶检测通过对转向行为进行分析完成。如果系统识别到驾驶员有疲劳倾向，将发出声音警告，或在组合仪表的多功能显示屏上显示要求驾驶员休息的信息，如图 6-36 所示。

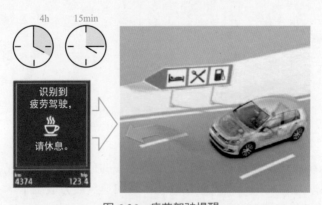

图 6-36　疲劳驾驶提醒

6.7.4　抬头显示系统

抬头显示系统（HUD），又被叫作平行显示系统、平视显示屏，是指以驾驶员为中心的盲操作、多功能仪表盘。它的作用，就是把时速、导航等重要的行车信息，投影到驾驶员前面的挡风玻璃上，让驾驶员尽量做到不低头、不转头就能看到时速、导航等重要的驾驶信息。

以宝马 X5/E70 车型为例，平视显示屏安装在转向柱上方，紧靠在组合仪表后部。通过三个六角螺栓将其固定在前围板支撑结构上，如图 6-37 所示。

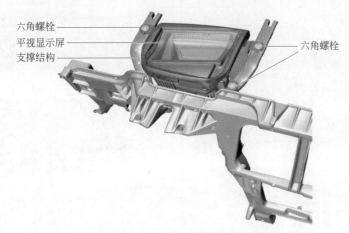

六角螺栓
平视显示屏
支撑结构
六角螺栓

图 6-37　平视显示屏的安装位置

6.8　驻车辅助系统

6.8.1　倒车雷达

倒车雷达（parking distance control，PDC）全称为"倒车防撞雷达"，也叫"泊车辅助装置"，是汽车泊车或者倒车时的安全辅助装置，由超声波传感器（俗称探头）、控制器和显示器（或蜂鸣器）等部分组成，如图 6-38 所示。

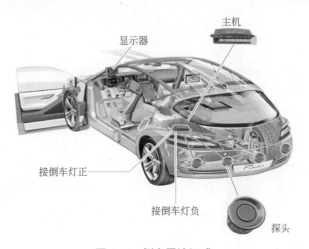

主机
显示器
接倒车灯正
接倒车灯负
探头

图 6-38　倒车雷达组成

6.8.2　倒车影像

倒车影像又称泊车辅助系统，或称倒车可视系统、车载监控系统等。英文名称：vehicle backup camera。该系统广泛应用于各类大、中、小型车辆倒车或行车安全辅助领域。一般普通单路输出的倒车影像仅需要把电源连接线正极接到汽车倒车灯电源正，电源连接线负极接到倒车灯负或者接地（GND）。车辆挂上倒挡后，车尾实物景象即可通过摄像头传输到中控台显示屏，方便驾驶员判断，如图 6-39 所示。

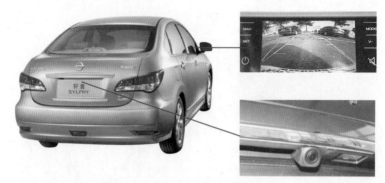

图 6-39　倒车影像

6.8.3　全景影像

全景影像系统弥补了只能通过雷达或者单一的后视摄像头提供影像的不足。全景影像系统可以有四路（即前、后、左、右）视频输出。将摄像头安装在车前、车尾以及后视镜的下面。其由遥控控制，能自动地切换画面，视频部分可以由四个视频组成，也可以由单一的视频组成，增加了行车的防盗监控与行车安全。

全景影像系统包括：全景系统、俯视系统、倒车摄像机。组件安装位置如图 6-40 所示。

摄像机通过以太网与控制单元相连。控制单元通过一根 FBAS 导线将视频信号传输至多媒体影音单元。多媒体影音单元通过一根 APIX 导线将视频信号传输至中央显示屏。全景影像系统显示画面如图 6-41 所示。

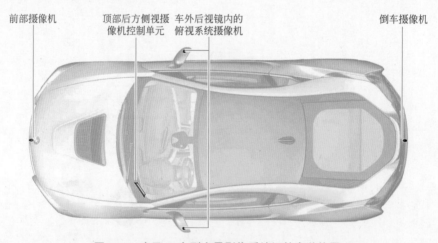

图 6-40　宝马 i8 车型全景影像系统组件安装位置

图 6-41　全景影像系统显示画面

6.8.4　自动泊车

　　自动泊车系统就是不用人工干预，自动停车入位的系统。系统包括一个环境数据采集系统、一个中央处理器和一个车辆策略控制系统。上述的环境数据采集系统一般包括图像采集系统和车载距离探测系统（采用超声波雷达或者毫米波雷达系统）。遍布车辆周围的雷达探头测量自身与周围物体之间的距离和角度，然后通过车载电脑计算出操作流程，配合车速调整方向盘的转动，驾驶者只需要控制车速即可。

　　以宝马 7 系车型为例，自动泊车系统部件组成如图 6-42 所示。

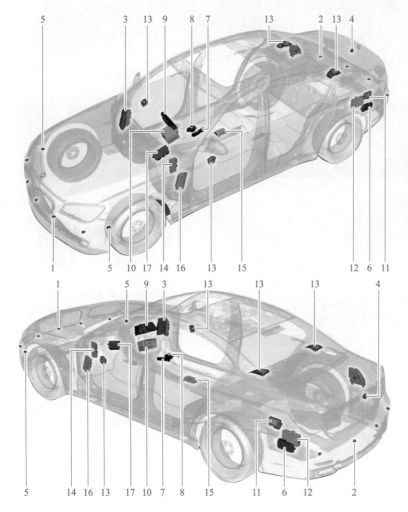

图 6-42　自动泊车系统
部件组成

1—PDC 前保险杠内的五个超声波传感器；2—PDC 后保险杠内的四个超声波传感器；3—带有集成式 PDC 控制单元的接线盒电子装置；4—倒车摄像机；5—左侧 / 右侧侧视系统摄像机；6—TRSVC 控制单元；7—PDC/ 倒车摄像机接通 / 关闭按钮和侧视系统接通 / 关闭按钮；8—PDC/ 倒车摄像机接通 / 关闭按钮和侧视系统接通 / 关闭按钮的控制单元；9—中央信息显示屏（CID）/ 倒车摄像机 / 侧视系统显示屏；10—车辆信息计算机 CIC（进行数据处理，用于在 CID 内显示）；11—视频开关（VSW）；12—音响放大器（高保真）；13—扬声器；14—中央网关模块（ZGM）；15—集成式底盘管理系统（ICM）车速信号；16—脚部空间模块（FRM）；17—便捷登车及启动系统（CAS）

6.9 汽车电控系统

6.9.1 汽车传感器

汽车传感器是汽车计算机系统的输入装置，根据传感器的作用，可以分为测量温度、压力、流量、位置、气体浓度、速度、光亮度、干湿度、距离等功能的传感器。汽车传感器过去单纯用于发动机上，现在其应用已扩展到底盘、车身和灯光电气及车辆智能化与自动驾驶系统上。这些系统采用的传感器有数百种。在种类繁多的传感器中，发动机电控系统常用传感器如表 6-2 所示。

表 6-2 发动机电控系统常用传感器

名称	空气流量计（热膜式）	空气流量计（热线式）	进气歧管压力传感器
位置	一般安装在空气滤清器与节气门体之间，也可以安装在空气滤清器上，亦可将空气流量计与节气门体一体化安装在发动机上		安装在进气歧管上
识别			

名称	进气温度传感器	冷却液温度传感器	节气门位置传感器
位置	安装在空气滤清器或之后的进气管道上	安装在发动机缸体水套或冷却液管路中	安装在节气门体上
识别			

名称	曲轴位置传感器	凸轮轴位置传感器	燃油油位传感器
位置	安装在曲轴前端，接近发动机飞轮	安装在凸轮轴前端	安装在燃油箱中
识别			

名称	油门踏板位置传感器	爆震/爆燃传感器	机油压力传感器
位置	安装在制动踏板上	缸体中间接近气缸套的地方	安装在气缸缸体机油油道上
识别			

名称	氧传感器	柴油氮氧化物传感器	油轨压力传感器
位置	安装在排气管三元催化器前后	安装在排气系统中	安装在油轨上
识别			

汽车发动机底盘电控系统常用传感器如表 6-3 所示。

表 6-3　汽车底盘常用传感器

名称	ABS 转速传感器	转向盘转角传感器	横摆角速度和侧向加速度传感器
位置	安装在车轮制动盘附近	安装在转向柱上	安装在驾驶员座椅下方
识别			

名称	高度传感器	制动片磨损传感器	制动踏板位置传感器
位置	安装在底盘高度可控悬架系统上	安装在盘式制动片上	安装在制动控制装置上
识别			

汽车车身电气系统常用传感器如表 6-4 所示。

表 6-4 汽车车身电气系统常用传感器

名称	晴雨传感器	蒸发器温度传感器	空调压力传感器
位置	安装在前挡玻璃上，车内后视镜前方	安装在蒸发器上	安装在发动机舱空调高压管路上
识别			
名称	车外温度传感器	安全气囊碰撞传感器	车距传感器
位置	安装在前部车身上	安装在前部车身或侧面车门内	安装在前保险杠内，车头中网下方
识别			
名称	超声波传感器	座椅占用 / 识别传感器	轮胎传感器
位置	安装在前后保险杠上	安装在驾驶员与前乘客座椅内	安装在车轮内
识别			

6.9.2 汽车电脑

　　汽车上的电脑又称行车电脑（ECU），即电子控制单元（electronic control unit）。它的用途就是控制汽车的行驶状态以及实现其各种功能，主要是利用各种传感器、总线的数据采集与交换，来判断车辆状态以及司机的意图并通过执行器来操控汽车。以宝马 5 系车型为例，全车控制器分布如图 6-43 所示。

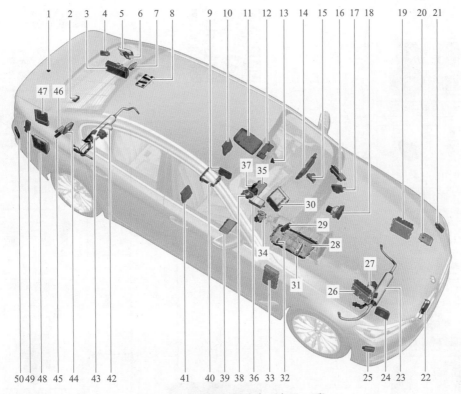

图 6-43　全车控制器分布（宝马 5 系）

1—倒车摄像头；2—遥控信号接收器；3—音响功率放大器；4—车道变更警告系统（副控单元）；5—视频模块；6—灯光效果管理系统；7—仿真声效模拟器；8—远程通信系统盒；9—无线充电盒；10—左前座椅气动模块；11—车顶功能中心；12—基于摄像机的驾驶员辅助系统；13—远光灯辅助系统；14—组合仪表；15—电动转向锁；16—倒车摄像机和侧视系统控制单元；17—选装配置系统；18—动态稳定控制系统；19—发动机电子系统；20—左侧前部车灯电子装置；21—左侧雷达传感器；22—主动定速巡航控制系统；23—前部电动主动式侧翻稳定装置；24—右侧前部车灯电子装置；25—右侧雷达传感器；26—发动机电子系统 2；27—电子助力转向系统；28—变速器电子控制系统；29—自动恒温空调；30—多媒体单元；31—夜视系统电子装置；32—近距离通信系统；33—车身域控制器；34—分动器；35—驾驶员侧座椅模块；36—碰撞和安全模块；37—选挡开关；38—控制器；39—前乘客座椅模块；40—后座区娱乐系统；41—右前座椅气动模块；42—后桥侧偏角控制系统；43—后部主动式侧翻稳定装置；44—选择性催化剂还原；45—挂车模块；46—驻车操作辅助系统；47—垂直动态管理平台；48—电源控制单元；49—行李厢盖功能模块；50—车道变更警告系统（主控单元）

6.9.3　汽车执行器

执行器是自动控制系统中必不可少的一个重要组成部分。它的作用是接收控制器送来的控制信号，改变被控介质的大小，从而将被控变量维持在所要求的数值上或一定的范围内。执行器按其能源形式可分为气动、液动、电动三大类。

以发动机电控系统为例，属于执行器的部件有燃油泵、燃油泵继电器、喷油器、点火线圈、活性炭罐电磁阀、废气再循环控制电磁阀、进气控制阀、二次空气泵、怠速控制阀、自诊断显示与报警装置、仪表显示器等，如图 6-44 所示。执行器相当于电控发动机的手脚，负责执行电脑发出的控制指令。

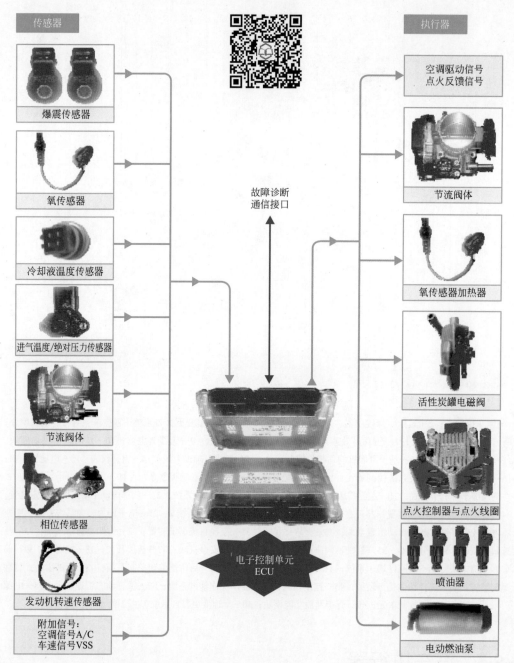

爆震传感器

氧传感器

冷却液温度传感器

进气温度/绝对压力传感器

节流阀体

相位传感器

发动机转速传感器

附加信号：
空调信号A/C
车速信号VSS

故障诊断
通信接口

电子控制单元
ECU

空调驱动信号
点火反馈信号

节流阀体

氧传感器加热器

活性炭罐电磁阀

点火控制器与点火线圈

喷油器

电动燃油泵

图 6-44　发动机电控系统组成部件（大众 **ATK** 发动机）

第7章
车身与内外饰件

7.1 外饰件

7.1.1 外饰件概述

汉车外饰件系统是汽车零部件中应用塑料材料最多的零件系统，主要包括保险杠、后视镜、灯、门把手、进气格栅、天窗等。

现代轿车外饰件多采用注塑工艺成型，再进行喷漆或皮纹处理。外饰件若作为喷漆件，为保证与车身颜色及漆面质量的一致，在选材时必须考虑喷涂系统，例如北美地区车身油漆多采用高温烘烤系统，外饰件选材时应考虑选择可耐高温烘烤的原料；若作为皮纹件，在选材时须特别考虑原料的颜色及耐候性能是否满足设计要求。外饰件常用材料如图 7-1 所示 [材料说明：PP（聚丙烯）；ABS（丙烯腈 - 丁二烯 - 苯乙烯塑料）；ASA（苯乙烯、丙烯腈和亚克力橡胶共聚物）；PA（尼龙、聚酰胺）；PC（聚碳酸酯）；PPE（聚苯醚）]。

7.1.2 保险杠

汉车保险杠是吸收和减缓外界冲击力，防护车身前后部的安全装置。轿车的前后保险杠都是塑料制成的，称为塑料保险杠。一般汽车的塑料保险杠是由外板、缓冲材料和横梁三部分组成。其中外板和缓冲材料用塑料制成，横梁用冷轧薄板冲压而成 U 形槽；外板和缓冲材料附着于横梁。以奥迪 A3 车型为例，前保险杠组成部件如图 7-2 所示。

图 7-1　汽车外饰件常用材料

行李架
luggage rack
• PC/ASA
• 耐热ASA

外后视镜
outside mirror
• 耐热ASA
• 耐热ABS
• 高光PC/ASA

密封条
sealing strip
• ASA
• PC/ASA

车把手
door handle
• 耐热ABS
• 电镀PC/ABS

车标
logo
• 电镀ABS
• 电镀PC/ABS

车轮毂盖
wheel hub cap
• 耐热ABS
• PA/PPE
• PC/ABS
• 电镀PC/ABS

保险杠
bumper
• 填充PP

车灯
car lights
• 耐热ABS
• 耐热ASA
• PC/ABS
• PC/ASA
• 改性PBT

出风格栅
fence
• 填充PP
• 耐热ABS
• 电镀PC/ABS
• PC/ASA
• AES

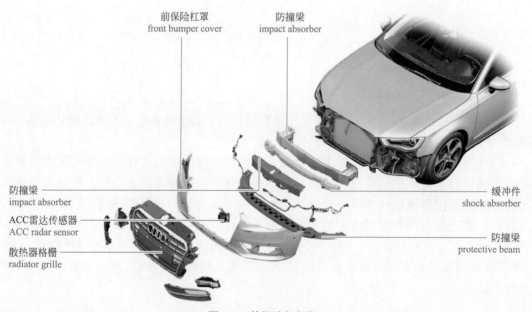

图 7-2　前保险杠部件

前保险杠罩
front bumper cover

防撞梁
impact absorber

防撞梁
impact absorber

ACC雷达传感器
ACC radar sensor

散热器格栅
radiator grille

缓冲件
shock absorber

防撞梁
protective beam

　　后保险杠包括一块焊有连接板的盖罩，和一块内置有排气装置尾管扩散器的扰流板，如图 7-3 所示。连接板上固定有侧向辅助系统的传感器。车尾传感器被固定在保险杠盖罩上。保险杠通过连接板安装在车身尾部。保险杠在侧面通过事先安装好的导向件平齐地固定在车身侧围板上。

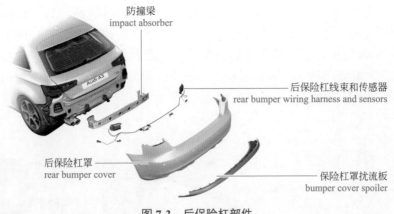

防撞梁
impact absorber

后保险杠线束和传感器
rear bumper wiring harness and sensors

后保险杠罩
rear bumper cover

保险杠罩扰流板
bumper cover spoiler

图 7-3　后保险杠部件

7.1.3　天窗

　　汽车天窗安装于车顶，能够有效地使车内空气流通，增加新鲜空气的进入，同时汽车天窗也可以开阔视野以及满足移动摄影摄像的需求。汽车天窗可大致分为：外滑式、内藏式、内藏外翻式、全景式和窗帘式等。它主要安装于商用 SUV、轿车等车型上。以奥迪 A3 为例，全景滑动 / 外翻式天窗是粘接在车身的车顶切口内，部件分解如图 7-4 所示。

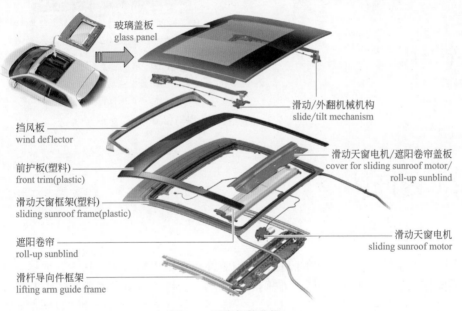

玻璃盖板
glass panel

滑动/外翻机械机构
slide/tilt mechanism

挡风板
wind deflector

前护板(塑料)
front trim(plastic)

滑动天窗电机/遮阳卷帘盖板
cover for sliding sunroof motor/
roll-up sunblind

滑动天窗框架(塑料)
sliding sunroof frame(plastic)

遮阳卷帘
roll-up sunblind

滑动天窗电机
sliding sunroof motor

滑杆导向件框架
lifting arm guide frame

图 7-4　天窗部件分解

7.1.4　后视镜

　　后视镜以安装位置划分，分有外后视镜、下后视镜和内后视镜。外后视镜反映汽车后侧方情况，下后视镜反映汽车前下方情况，内后视镜反映汽车后方及车内情况。用途不一样，镜面结构也会有所不同。一般后视镜按镜面主要分为两种：一种是平面镜，顾名思义，镜面是平的，用术语表述就是"表面曲率半径 R 无穷大"，它与一般家庭用镜一样，可得到与目视大小相同的映像，常用做内后视镜；另一种是凸面镜，镜面呈球面状，具有大小不同的曲率半径，它的映像比目视小，但视野范围大，类似相机"广角镜"，常用做外后视镜和下后视镜。轿车及其他轻型乘用车一般装配外后视镜和内后视镜，大型商用汽车（大客车和大货车）一般装配外后视镜、下后视镜和内后视镜，如图 7-5 所示。

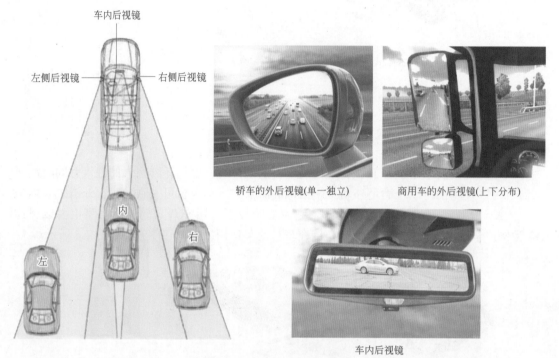

图 7-5　后视镜的作用与位置

7.2　内饰件

7.2.1　内饰件概述

　　内饰件一般是指轿车车厢的隔板、门内装饰板、仪表板总成、扶手、地毯等零部件和材料。相对于车上其他部件而言，它们对车辆的运行性能没有什么影响，但其外观一览无遗，代表了整部车子的形象，承担起减振、隔热、吸音和遮音等功能，对轿车的舒适性起到十分重要的作用。

7.2.2　仪表板

　　仪表板（instrument panel）是汽车驾驶室中安装各种指示仪表和点火开关等的一个总成。它装在仪表嵌板上，或者作为附件装在转向管柱上。仪表板总成好似一扇窗户，随时反映车子内部机器的运行状态。同时它又是部分设备的控制中心和被装饰的对象，是驾驶室内最引人注目的部件。仪表板总成既有技术的功能又有艺术的功能，是整车风格的代表之一。以奥迪 Q3 车型为例，仪表板部件分解如图 7-6 所示。

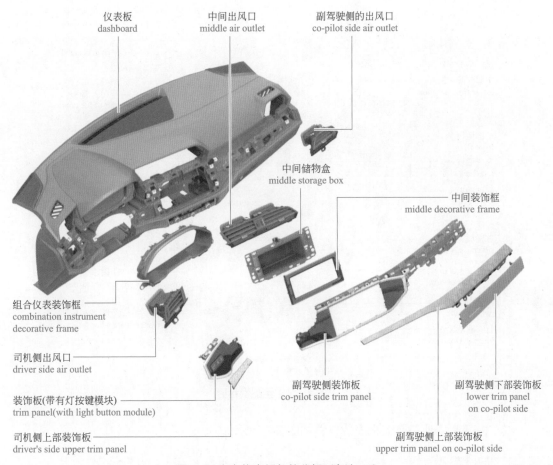

图 7-6　汽车仪表板部件分解（奥迪 Q3）

7.2.3　地垫及盖板

汽车隔音材料是指针对汽车噪声来设计的材料，主要的汽车隔音材料有丁基橡胶、环保型阻尼片、橡塑、EVA/EPDM 板材等。

汽车止震胶有两种，一种是丁基橡胶止震胶，一种是沥青止震胶。丁基橡胶止震胶耐温性好，在高温 300℃和低温 -80℃的环境下性能稳定，不变形不开裂，与被粘贴物粘贴牢固。沥青止震胶价格实惠，应用普遍，一般用于车底盘、后备厢的止震，效果非常理想。汽车隔音棉和汽车止震胶二者结合效果更加显著，还有运用软塑料作为车内隔音材料的。

以大众途锐车型为例，该车开发有两种隔音套件。汽油发动机隔音套件由沥青薄膜消音垫组成。柴油发动机配套有四个沥青铝合金夹层形式的消音件。组成部件如图 7-7 所示（说明：绿色表示沥青塑料薄膜；绿色 - 橙色表示用于柴油版车型的铝合金夹层薄膜）。

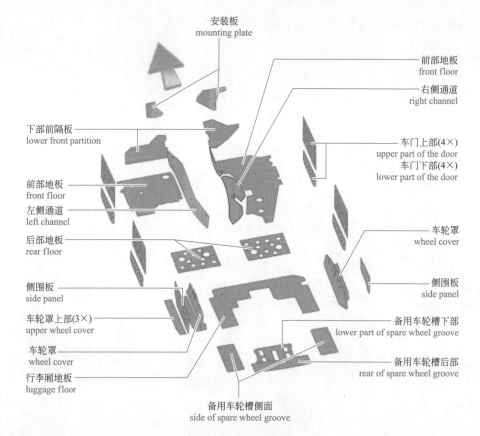

安装板
mounting plate

前部地板
front floor

右侧通道
right channel

下部前隔板
lower front partition

车门上部(4×)
upper part of the door
车门下部(4×)
lower part of the door

前部地板
front floor

左侧通道
left channel

后部地板
rear floor

车轮罩
wheel cover

侧围板
side panel

侧围板
side panel

车轮罩上部(3×)
upper wheel cover

备用车轮槽下部
lower part of spare wheel groove

车轮罩
wheel cover

行李厢地板
luggage floor

备用车轮槽后部
rear of spare wheel groove

备用车轮槽侧面
side of spare wheel groove

图 7-7　汽车隔音垫

汽车内部常用地垫及盖板安装位置如图 7-8 所示。

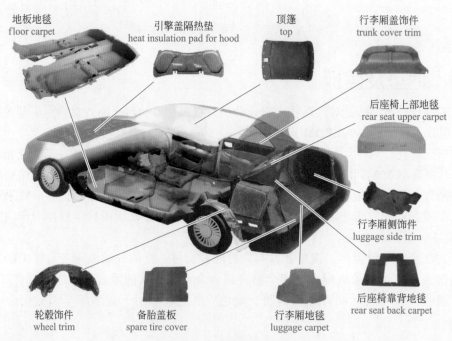

地板地毯
floor carpet

引擎盖隔热垫
heat insulation pad for hood

顶篷
top

行李厢盖饰件
trunk cover trim

后座椅上部地毯
rear seat upper carpet

行李厢侧饰件
luggage side trim

轮毂饰件
wheel trim

备胎盖板
spare tire cover

行李厢地毯
luggage carpet

后座椅靠背地毯
rear seat back carpet

图 7-8　汽车地垫及盖板

7.2.4　座椅

　　汽车座椅按形状可分为分开式座椅、长座椅；按功能可分为固定式、可卸式、调节式；按乘坐人数可分为单人、双人、多人椅；按座椅的使用性能，从最早的固定式座椅，一直发展到多功能的动力调节座椅，有气垫座椅、电动座椅、立体音响座椅、精神恢复座椅，直到电子调节座椅；按材质分为真皮座椅和绒布座椅等。还有一些供特殊对象使用的座椅，如儿童座椅和赛车座椅等。空调座椅结构如图 7-9 所示。

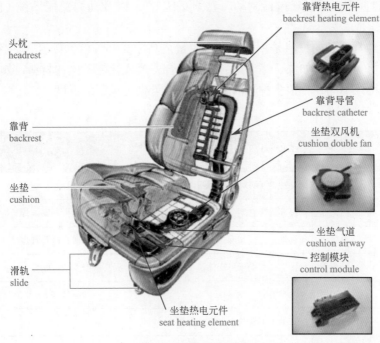

头枕
headrest

靠背
backrest

坐垫
cushion

滑轨
slide

坐垫热电元件
seat heating element

靠背热电元件
backrest heating element

靠背导管
backrest catheter

坐垫双风机
cushion double fan

坐垫气道
cushion airway

控制模块
control module

图 7-9　空调座椅结构

　　一般五座轿车的座椅布局为前 2 后 3 结构，七座的 MPV 与 SUV 车型都有 2+2+3 与 2+3+2 两种布局方式，图 7-10 所示为宝骏 720 座椅布置形式。

驾驶员座椅
driver's seat

副驾驶座椅
front passenger's seat

第二排座椅
the second row of seats

第三排座椅
the third row of seats

图 7-10　汽车座椅布置（2+2+3 形式）

7.3 车身

7.3.1 白车身

白车身（body in white）是指车身结构件及覆盖件焊接总成，并包括前翼板、车门、发动机罩、行李厢盖，但不包括附件及装饰件的未涂漆的车身。涂装后的白车身加上内外饰件（包括仪表板、座椅、挡风玻璃、地毯、内饰护板等）和电子电气系统（音响、线束、开关等），再加上底盘系统（包括制动、悬架系统等），以及动力总成系统（包括发动机、变速器等）就组成了整车。

汽车车身经常用到的材料是钢。钢是含碳量最高为 2.06% 的铁碳合金。含碳量高于此则为铸铁。钢与其他元素如镍、锰、硅、铬等融合，形成性能不同的材料，如表 7-1 所示。根据其组成和特性不同，有很多种不同的钢。含碳量决定了钢的强度。

表 7-1 汽车用钢构成元素

钢中添加的合金元素	改变钢的特性
铬	提高钢的耐腐蚀性（铬对钢的耐锈性和耐酸性有决定性的影响）
锰	细化晶粒；提高强度；增强淬透性；提高硬度、拉伸率和耐磨性，影响焊接性能和锻造性能
钼	提高强度和韧性；提高耐腐蚀性；改善淬透性，促进晶粒形成，改善其焊接性能
镍	提高强度和韧性；有助于奥氏体晶格结构的稳定，提高低温下的可塑性
铌	铌的作用与钛类似
磷	提高强度；有助于平衡其可压缩性和强度
硅	提高强度和弹性极限；细化晶粒
氮	提高奥氏体钢的强度；改善其在高温下的力学性能
钛	提高强度和韧性；抑制晶粒长大，从而有助于细化晶粒；抑制铬合金钢中铬碳化物的析出从而抑制晶间腐蚀

按照钢的特定特性对其分类非常有意义。可以将各种钢按照其力学性能，如拉伸强度、屈服强度进行分类。以普通钢、高强度钢、超高强度钢等为例，如表 7-2 所示。

重量在汽车制造中越来越重要。这是由于汽车要达到节约能源和环保的目标。使用较轻的材料也可以减轻车辆的重量，如越来越多地使用铝作为其材料。

纯铝的强度很低，为了保证车身组件的使用性能，不使用纯铝材质，而使用铝合金材质。熔合其他元素可以改变铝的特性，如改善其强度和抗腐蚀性。铝合金的主要成分为镁和硅。这种合金形式是型材钢、铸件节点、铝板的基础。以奥迪 A8 车型为例，这种车身结构首次采用了不同的材质来构建。该承载式车身结构将铝、钢、镁和碳纤维增强复合材料（CFK）混合在一起使用，就同时将四种不同的轻结构材质结合到了一起。各种材料中使用最多的是铝件，达 58%，比如铸造节点、挤压型材和板件，如图 7-11 所示。

表 7-2　钢的分类（按照其拉伸强度）

分类	拉伸强度 /MPa	钢种
普通钢	< 300	深冲钢
高强度钢	300 ~ 480	烘烤硬化钢
	340 ~ 480	磷钢；无间隙钢（IF 钢）
	350 ~ 730	微合金钢；各向同性钢
	500 ~ 600	双相钢（DP 钢），含有 0.12% 的碳、0.5% 的硅和 1.46% 的锰
	600 ~ 800	相变诱发塑性钢（TRIP 钢），一般含有 0.15% ~ 0.4% 的碳、1% ~ 2% 硅和 0.5% ~ 2% 的锰
超高强度钢	> 800	多相钢（CP 钢）含碳量很低，低于 0.2%，并含有微合金元素，如锰、硅、钼和硼
超高强度热成型钢	> 1000	马氏体钢

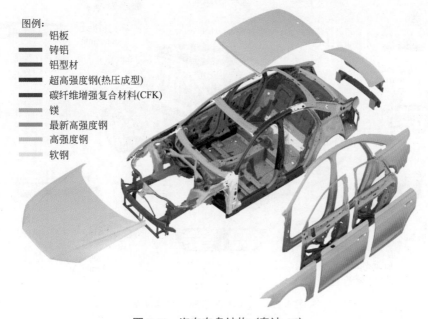

图例：
铝板
铸铝
铝型材
超高强度钢(热压成型)
碳纤维增强复合材料(CFK)
镁
最新高强度钢
高强度钢
软钢

图 7-11　汽车车身结构（奥迪 A8）

7.3.2　塑料件

塑料在汽车制造中得到越来越多的使用。它们的不同种类分别具有轻质、高强度和耐候性等特性。汽车塑料件，即汽车上以塑料制成的产品配件，在汽车上应用比较广泛，其中以车身及内饰件为较常见，又以内饰件为最。常见塑料制成部件如图 7-12 所示。

汽车上常见的塑料类型按使用部位来分，有以下几种：

① 聚碳酸酯、玻纤增强聚碳酸酯，应用部件：灯具、仪表标牌、遮阳板、窗玻璃、保险杠等；

② 反应型注射成型聚氨酯（RIM），应用部件：保险杠、散热器格栅、扰流板、翼子板等；

③ 低密度聚乙烯、高密度聚乙烯、超高分子量聚乙烯，应用部件：挡泥板、顶棚和门的减振材料、行李厢垫、空气导管、汽油箱等；

④ 聚氯乙烯、氯化聚氯乙烯、玻纤增强聚氯乙烯、热固性低发泡聚氯乙烯，应用部件：仪表板罩、汽车顶盖内衬、后盖板表皮、备胎罩、转向盘、保险杠套、电线包覆层等；

⑤ 聚丙烯、玻纤增强聚丙烯、无机填料增强聚丙烯、电镀级聚丙烯，应用部件：取暖及通风系统、车厢、发动机机舱、车身、灯壳、工具箱、电线接线柱、接线盒盖、消声器等；

⑥ 高抗冲 ABS、超高抗冲 ABS、高刚性 ABS、电镀 ABS、透明 ABS、氯化共混 ABS，应用部件：后挡泥板、仪表板、收音机罩、空气排气管、转向盘喇叭罩、格栅、后护板、上通风盖板、车轮罩、百叶窗、支架、镜框等。

中央置物盒
central glove box

前后轮眉
front and rear wheel brow

门板框
door frame

后视镜壳
rearview mirror shell

车顶行李架
roof rack

仪表盘
cockpit

轮壳罩板
round shell cover plate

前挡板
the front baffle

前后踏板
front and rear pedal

前后护杠
before and after
the retaining bar

风口格栅
air outlet grille

车灯
headlight

图 7-12　汽车上使用的塑料装饰件

第 8 章
汽车配件仓储管理

8.1　汽车配件存储

8.1.1　配件存放环境

　　汽车零部件应储存在仓库内，不得露天保存；采用设计合理的物料盒，避免有害气体、尘土及烟雾的侵蚀等影响，同时要与化学药品及酸、碱物质进行隔离。要根据零部件的材质、重量、结构、形状、性能、外包装等特点选择合适的物料盒，分类存放在不同物料架上，方便存取，如图 8-1 所示。储存物料的仓库应该有较为严密的门窗和通风装置；

图 8-1　配件存放物料架

严格控制库内的温度和相对湿度，一般相对湿度不超过 70%，温度在 10 ～ 30℃的范围内；可以采用吸水率低的塑料物料盒。

8.1.2　配件摆放

配件摆放应遵循以下原则。

（1）最接近物流出口原则

在规定固定货位和机动货位的基础上，要求汽车配件仓储物料摆放在离物流出口最近的位置上，如图 8-2 所示。

图 8-2　摆放在离物流出口最近的位置

（2）以库存周转率为排序的依据原则

出入库频次高且出入量比较大的品种放在离物流出口最近的固定货位上；当然，随着产品的生命周期、季节等因素的变化，库存周转率也会变化，同时货位也在重新排序。

（3）关联原则

由于 BOM 表或习惯，两个或两个以上相关联的物料经常被同时使用，如果放在相邻的位置，就可以缩短分拣人员的移动距离，提高工作效率，如图 8-3 所示。

图 8-3　关联部件摆放在邻近区域

（4）唯一原则

（合格的）同一物料集中保管在唯一货位区域内，便于统一管理，避免多货位提货。

（5）系列原则

同一系列的物料，设置一个大的区域，如图 8-4 所示。

图 8-4　设置配件系列区域

（6）隔离易混物料原则

外观相近，用肉眼难以识别的物料，在标示清晰的基础上，要间隔 2 个以上的货位，防止混在一起，难以区分。

8.1.3　配件防护

汽车配件的防护，工作内容主要体现在包装、运输与储存三个方面。

在包装方面，入库前零部件包装必须达到入库标准才能办理入库手续。做好零部件的防尘工作，对于需要特别防尘的零部件不得裸露。对于需要防挤压、防碰撞的零部件，必须用专用盛具或货架进行定置摆放，做到随时检查零部件放置的安全性和稳定性。对于零部件包装要求不能倒置、倾斜的零部件，必须严格按包装上标识箭头指定的正确方向放置。做好零部件的防火、防水、防潮工作，对于外包装上有明确标识的易碎、易燃、易爆零部件，如图 8-5 所示，定置管理规划时应使其远离有安全隐患的地方，并时常检查工作环境的安全性，使工作环境安全性处于良好受控状态。

在运输方面，机动叉车处于良好的工作状态时才能使用，如图 8-6 所示。机动车辆必须由专职人员驾驶，其他人员严禁操作。叉车操作人员必须持有操作合格证方可上岗。机动叉车、手动叉车在装卸、运输、投料、转移过程中，要遵守交通规则，严禁零部件超高、超重、超长运转，叉车上严禁坐第二人。启动和放置应平缓过渡，严禁野蛮操作或故意摔打。遵守轻放轻拿的原则。对于使用盛具或货架的零部件先检查，稳固无晃动后方可进行搬动和运输。

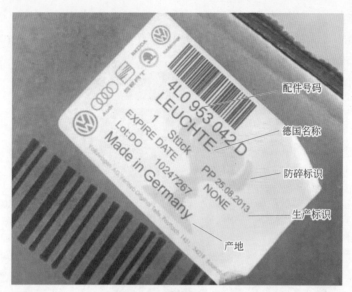

图 8-5 汽车配件包装标识

图 8-6 机动叉车搬运作业

  在配件储存方面，零部件需定置管理，标识清楚。零部件的放置位置、高度和宽度应便于零部件领取、运输、转移。盛具、货架、周转箱的设计、使用必须要考虑到零部件的保护措施，零部件不能直接与盛具、货架接触，之间要有缓冲材料、隔离材料及一定空间。对于白车身件等需要防锈的零部件，必须根据天气状况和贮存时间进行定期或不定期喷涂防锈油，放长假期时应特别加强这方面的工作力度。电气件、仪表、镀铬件、外观件等易受潮气影响，在定置管理规划时必须优先考虑储存环境的条件是否符合这方面的要求，并在平时多检查周边环境对其的影响。所有零部件入库后不能直接置于地面上，应使用货架、盛具、周转箱、包装箱等。

8.2 汽车配件出入库

8.2.1 配件入库管理

① 采购部下订单时应该认真审核库存数量，做到以销定进。

② 采购部审核订单时，应根据公司实际情况，核定进货数，杜绝库存积压、滞销等情况。

③ 订单录入后，采购部通知供货商送货时间，并及时通知仓库。

④ 当商品从厂家运抵仓库时，收货员必须严格认真检查商品外包装是否完好。若出现破损、原装短少、邻近有效期等情况，收货人必须拒绝收货，并及时上报采购部；若因收货员未及时对商品进行检查而出现破损、原装短少、邻近有效期，所造成的经济损失由该收货员承担。

⑤ 确定商品外包装完好后，收货员必须依照相关单据（订单、随货同行联）对进货商品品名、等级、数量、规格、金额、单价、有效期进行核实，核实正确后方可入库保管；若单据与商品实物不相符，应及时上报采购部；若进货商品未经核对入库而造成货、单不相符，由该收货人承担因此造成的损失。

⑥ 入库商品在搬运过程中，应按照商品外包装上的标识进行搬运；在堆码时，应按照仓库堆放距离要求、先进先出的原则进行。若未按规定进行操作，因此造成的商品损坏由收货人承担。

⑦ 入库商品明细必须由收货员和仓库管理员核对签字认可，做到账、货相符。商品验收无误后，仓库管理员依据验收单及时记账，详细记录商品的名称、数量、规格、入库时间、单证号码、验收情况、存货单位等，做到账、货相符。若不按照该制度执行验收，造成的经济损失由仓库管理员承担。

⑧ 按收货流程进行单据流转时，每个环节历时不得超出一个工作日。

配件验收入库流程如图 8-7 所示。

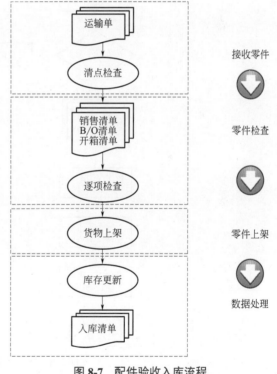

图 8-7 配件验收入库流程

8.2.2 配件出库管理

① 业务部开具出库单或调拨单，或者采购部开具退货单。单据上应该注明产地、规格、数量等。

② 仓库收到以上单据后，在对出库商品进行实物明细点验时，必须认真清点，核对准

确、无误方可签字认可出库，否则造成的经济损失由当事人承担。

③ 出库要分清实物负责人和承运者的责任，在商品出库时双方应认真清点核对出库商品的品名、数量、规格等以及外包装完好情况，办清交接手续。若出库后发生货损等情况，责任由承运者承担。

④ 商品出库后仓库管理员在当日根据正式出库凭证销账并清点货品结余数，做到账货相符。

汽车配件仓库管理系统入库流程为：产品下生产线→进入质检区→合格后贴上标签→通过采集器扫描→后台实时增加入库产品自动分类→上货架→完成入库过程。出库流程：下架→通过采集器扫描→后台数据库自动减少出库产品库存值→完成出库。还需要考虑运输过程损坏产品导致不合格，库存需要做相应变动。要能做到批量、快速、准确的配件出库，流程如图 8-8 所示。

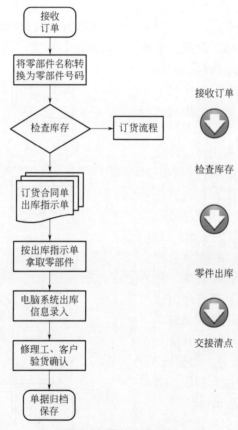

图 8-8　配件出库流程

8.2.3　配件库存管理

传统管理方法的基础为储备定额，储备定额指在一定的时间内需储备配件的数量；放眼国内外，较为流行的方式是以最低备货量为原则的储存方法，此方法是一种比较科学、操作方便、效率及效益均很高的现代管理方法，在运用操作上适合于各类企业，更是能够通过与相应 WMS 系统的数据相结合来进行操作。

（1）建立配件与设备的对应关系

依据现有的配件目录，同时根据设备的编号来确定配件的编号代码，列出完整的配件目录或清册，建立起配件与设备之间的联系。

（2）计算平均出库值

依据近2年消耗量的平均值列出每种配件的月、季或年的平均消耗量，同时按此折算出每种配件的平均消耗周期。

特别注意： 这是一项繁重且细致的工作，有时配件的消耗规律性并不强，因此，要在调查研究的基础上开展，必要时采用加权的方法来解决。同时，在计算最低备货量时应留有余地，以使备货量既经济又合理。

（3）供应商梳理

每种配件都应有两个以上的供应单位，要根据价格、交货期和质量等因素来综合确定每种配件的供应时间。供应时间的确定是整个配件管理系统的重要环节之一，必须进行认真的科学研究，得出合适的数据。在确定供应时间时应留有适当的余地，尤其是在不确定因素较多时更应注意。

（4）最低备货量计算

下面列举一个案例来说明如何计算最低备货量：某配件的平均消耗量为每月5个（此种配件属于消耗量比较大的配件，按月计算消耗量比较合适；对一些消耗量较小，如几个月才消耗二三件的配件，则采用消耗时间的方法比较恰当），供应周期为3个月，如当库存量为15个时提出订货，则此3个月内要消耗15个配件，即库存全部消耗完时新订配件正好到货。然后加上一个库存底数5（考虑到统计平均误差及到货时间的误差等因素，这类配件的库存底数可按1个月的消耗量进行计算），则最低备货量为15+5=20个，即以3个月供应周期内的消耗量加1个月消耗量的备用量作为此配件的最低备货量，到达此点时即提出订货。

订货量应不低于供应周期的消耗量，可根据批量价格等因素来拟定。一般须作经济分析，即根据批量价格与零售价格的差价与库存占用资金的利息作比较，以及企业经济状况等因素来确定订货批量；一般在订货形不成批发价格时，应以最低需要量进行多次订货为宜。

这样，可以计算出每种维修用配件的最低备货量。在计算过程中，最后增加的库存底数是个变数，可根据企业的具体情况及使用和供应的情况进行确定，目的是给各种不确定因素的误差值留出余地，以保证最佳的效率和效益。

（5）按照最低备货量进行工作

当上述工作进行完毕后，即可列出全部维修配件的最低备货量清单。必须注意，当库存达到最低备货量时，应及时发出警告并及时订货。如果没有预警和及时订货的保证，此管理系统也就失灵了，就又回到了传统的按年度消耗量订货的老路上，势必引起库存量及占用资金的剧增。所以，最低备货量法能实现高效率和高效益的关键在于它已与及时订货系统相结合了。

结合配件管理系统，备件出入库的情况要全部、及时地反映在计算机上，系统也须设置最低备货量（点）的报警，即打开系统时，到达最低备货量（点）的配件应在屏幕上有醒目的表示，如变色、发出指示记号等，并应能随时单独调出到达订货点的配件清单，以便发货。

8.3 汽车配件发运

8.3.1 配件包装

①　因为汽车配件基本上个头都不会很大，如果说统一放在一起运输的话，就有可能因为途中的磕碰而发生摩擦，轻者会造成物品表面的掉色，重者就会影响物品使用的性能了，所以说如果是精细的配件，一定要分开独立包装才行。

②　在内包装和外包装之间，最好是可以多加一层缓冲垫或者泡沫，这样做是为了防止振动和撞击给物品带来的损失。

③　还有一点需要注意，对于易受静电影响的产品，在选择包装的时候需要使用那些具有防静电功能的包装。

只有达到了以上几点要求，才可以让配件安安全全地运送到目的地，也避免了物流公司和客户承受不必要的损失。

8.3.2 配件运输

汽车配件是一种相对来讲比较容易进行运输的物品，因为汽车配件一般都没有玻璃一类的制品，而汽车配件的主要运输方式有铁路运输、汽车运输、水路运输、航空运输等。这些运输方式主要是根据可运量、发送速度、费用支出等条件进行选择的。

汽车配件的运输中比较常用的是铁路运输和汽车运输，铁路运输的载运量比较大，并且行驶速度快，费用低。而汽车运输的特点是比较灵活，运输面广。而对于水路和航空，虽然航空的速度快，但是费用高，一般比较急需的汽车配件会使用空运。虽然我国的海岸线比较长，但是由于水运的速度并不是很快，并且很多的汽车配件怕受潮，所以有很多人面对载货量大和费用低的情况时会选择铁路而非水路。

其实汽车配件的运输方式是多种多样的，在选择运输方式时，一定要注意货物的各种因素，从而达到完善选择。

第9章
汽车配件销售

9.1 销售服务常识

9.1.1 配件销售业务

汽车配件销售工作主要涉及的内容如图 9-1 所示。

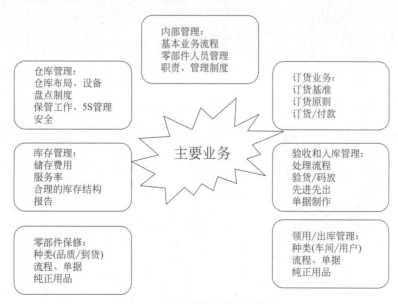

图 9-1 汽车配件销售主要业务

配件销售的业务流程如图 9-2 所示。

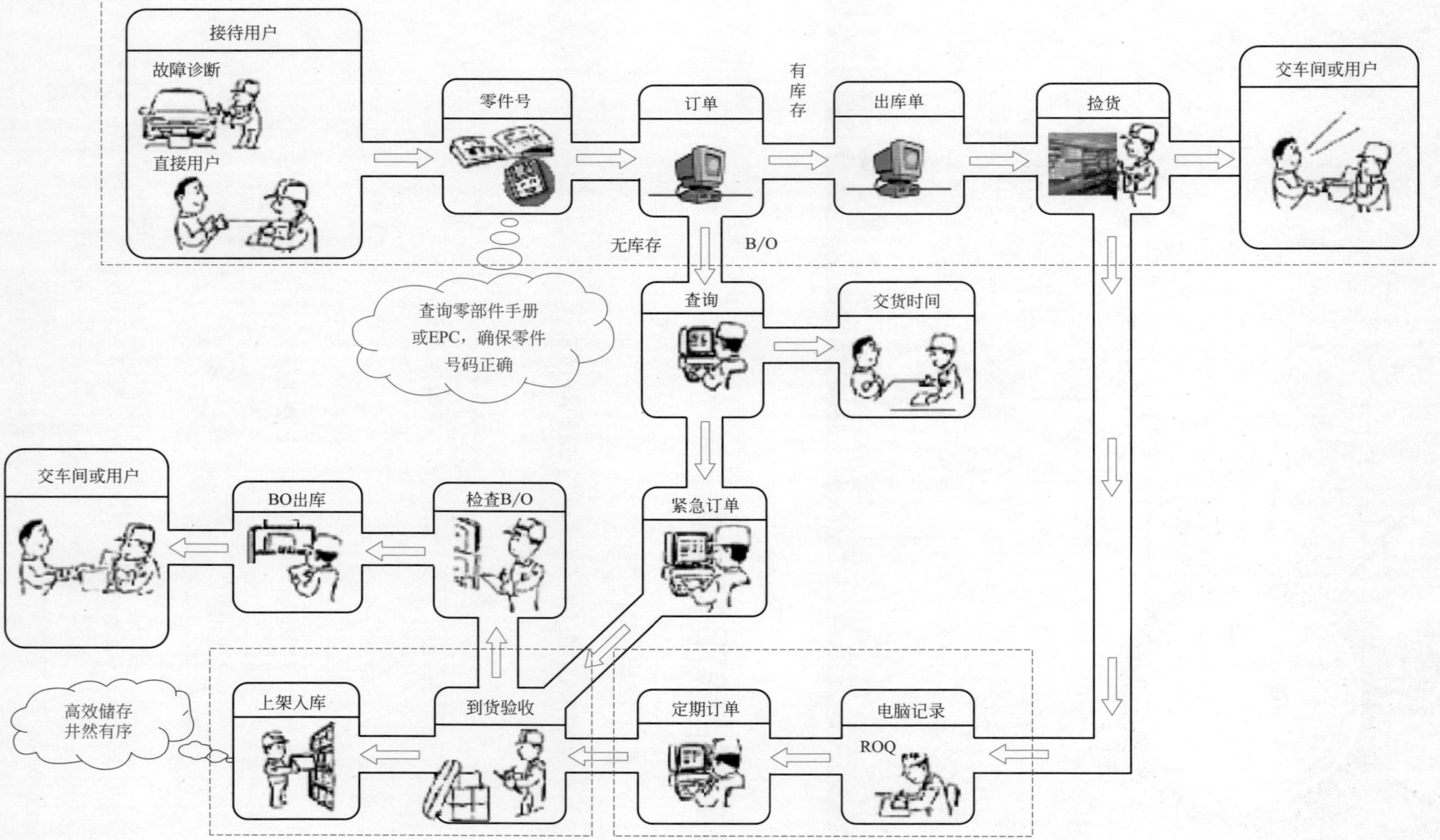

图 9-2 配件销售业务流程

9.1.2 配件查询软件应用

EPC 全称为 electronic parts catalog，中文译为"电子配件目录"，指各个整车厂的各款汽车部件及零配件的 OE 号、配件图解信息，或者订购的目录。汽车电子配件目录是汽车供应商为了方便而将自己生产的所有车型、汽车配件信息、车辆识别号码编译规则等资料编成的一个软件，通过这一软件可以方便地浏览整辆轿车所有零部件的装配图、分解图、零件图，方便地查找零部件。

它主要应用于全国各大、中、小型汽车修理厂（修理、采购）以及汽车配件商店（销售、采购）。用户通常只需要一个 17 位 VIN 车辆识别号码，即可解析和编译出该车架号所对应的车辆车型、年款等信息，并锁定该车型可用的配件。它非常方便，直观地让用户了解每个车型汽车零部件的专业正规名称、形状、数量、安装位置、所属车型、配件零件号、与哪个配件相连、全车线束及电器的分布、每个插头的连接，还有配件价格等。里面还有各种组成部分的内部图片，例如发动机总成、发电机总成等都有比较清楚的图片可以参考。

各汽车厂商开发的 EPC 系统的功能大体相似，一般既可以根据 VIN 码或车型号查找配件信号（配件分解图、部件位置、名称、用量、规格及对应的配件号码等信息），也可以根据配件号码或配件名称搜索应用该配件的车型。以丰田 - 雷克萨斯 EPC 系统为例，该软件主菜单功能区分布如图 9-3 所示。

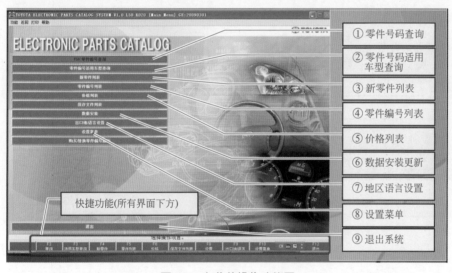

图 9-3　主菜单操作功能区

点击"TMC 零件编号查询"进入下一级子菜单，如图 9-4 所示。

在 VIN 栏输入 17 位车架（底盘）号码后，点击"检索"，出现的车型信息界面如图 9-5 所示。

点击快捷功能菜单栏中的"F10 执行"，进入下一级菜单，如图 9-6 所示。

点击上方的"索引"进入配件目录，如图 9-7 所示。

选择需要查看的图目，点击下方的"F10 执行"进入详细页面，如图 9-8 所示。

在图上选择一个对应部件编号，选择后点击下方的"F10 查询"，进入到配件信息页面，如图 9-9 所示。

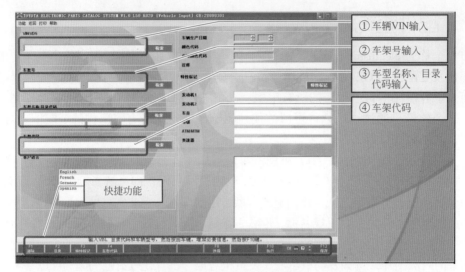

图 9-4 零件编号查询菜单

① 车辆VIN输入
② 车架号输入
③ 车型名称、目录·代码输入
④ 车架代码

快捷功能

图 9-5 车型信息显示

① 车辆生产日期
② 外观颜色代码
③ 内饰颜色代码
④ 发动机型号
⑤ 车辆级别
⑥ 变速箱代码
⑦ 左/右方向盘识别
⑧ 国家和地区

快捷功能

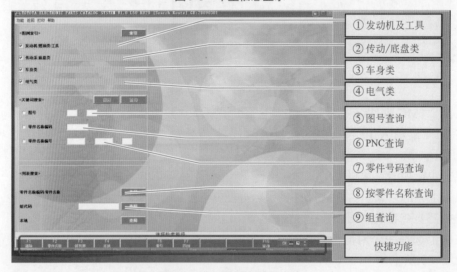

图 9-6 进入图例索引与查找

① 发动机及工具
② 传动/底盘类
③ 车身类
④ 电气类
⑤ 图号查询
⑥ PNC查询
⑦ 零件号码查询
⑧ 按零件名称查询
⑨ 组查询

快捷功能

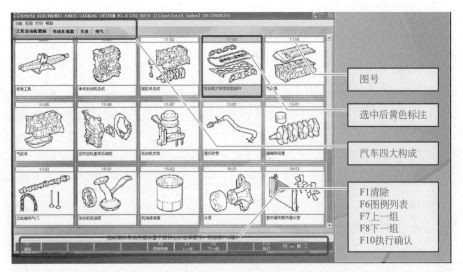

图 9-7　进入配件目录

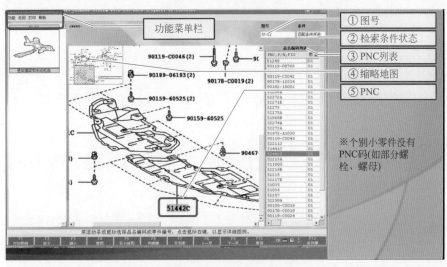

图 9-8　进入详图页面

图 9-9　配件信息页面

EPC 有两种功能：一种是根据零件特征查询零件号，另一种是已知零件号，查询适用车型。点击主菜单上的第二行"零件编号适用车型查询"（图 9-3），可以根据零件号码查询零件所适用的车型信息，如图 9-10 所示。

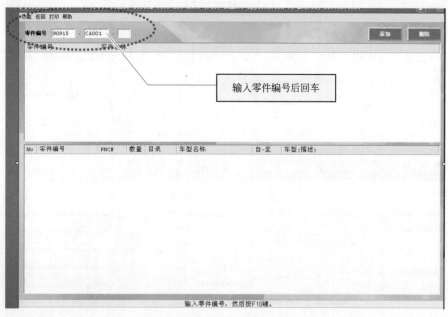

图 9-10　输入已知配件号码

点击"添加"后，选中添加的零件信息，再点击下方的"F10 执行"，即可查出零件所应用的车型，如图 9-11 所示。

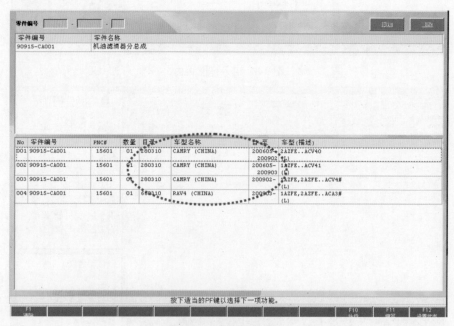

图 9-11　查询结果显示

配件查询详情页特殊标注说明如下:

① 产地标注。L 表示国产件,J 表示日本进口件,如图 9-12 所示。

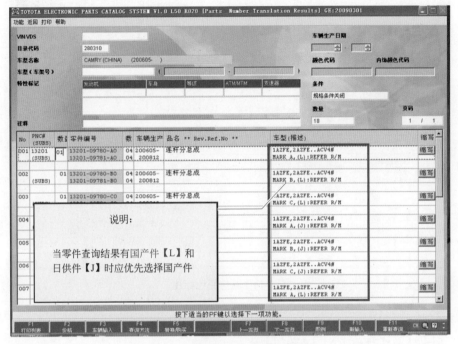

图 9-12　配件产地与来源地标注

② 配件应用位置标注如图 9-13 所示。

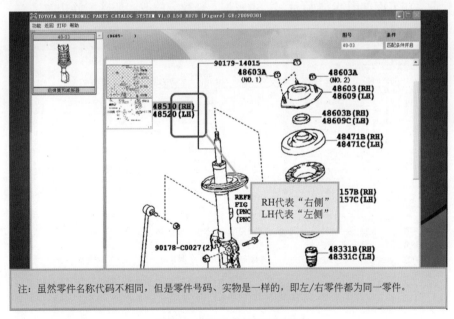

注:虽然零件名称代码不相同,但是零件号码、实物是一样的,即左/右零件都为同一零件。

图 9-13　配件应用位置标注

③ 内外饰件颜色标注如图 9-14 所示。

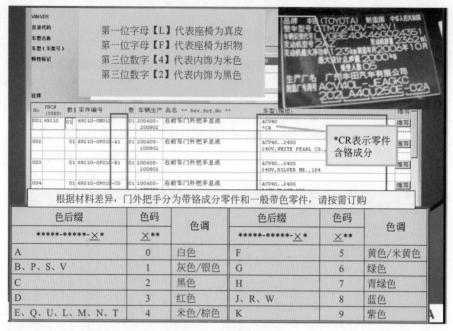

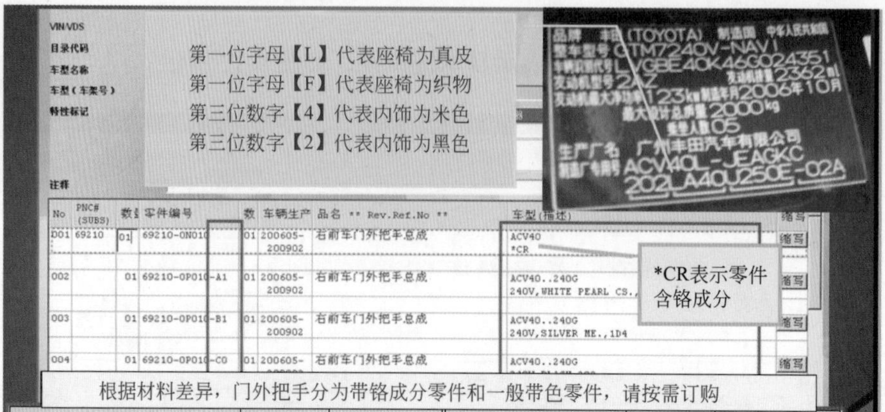
第一位字母【L】代表座椅为真皮
第一位字母【F】代表座椅为织物
第三位数字【4】代表内饰为米色
第三位数字【2】代表内饰为黑色
*CR表示零件含铬成分
根据材料差异，门外把手分为带铬成分零件和一般带色零件，请按需订购

色后缀	色码	色调	色后缀	色码	色调
*****-*****-×*	×**		*****-*****-×*	×**	
A	0	白色	F	5	黄色/米黄色
B、P、S、V	1	灰色/银色	G	6	绿色
C	2	黑色	H	7	青绿色
D	3	红色	J、R、W	8	蓝色
E、Q、U、L、M、N、T	4	米色/棕色	K	9	紫色

图 9-14　配件颜色标注

9.1.3　配件销售软件应用

汽车配件管理软件包含汽车配件进货管理、配件销售管理、配件库存管理、统计报表系统等子模块，是专门为汽车配件行业定制的配件进销存管理系统。以上汽大众为例，配件信息管理系统界面如图 9-15 所示，提供查询、新建、修改、删除配件功能。

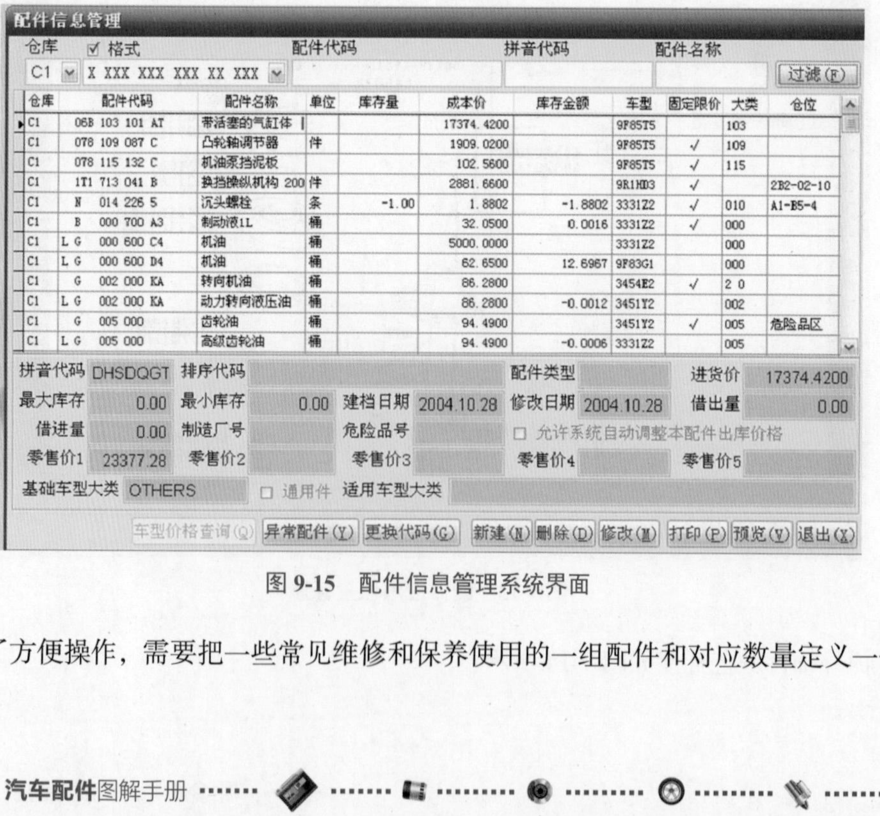
配件信息管理
仓库
格式
配件代码
拼音代码
配件名称
过滤(F)
仓库 配件代码 配件名称 单位 库存量 成本价 库存金额 车型 固定限价 大类 仓位
拼音代码 DHSDQGT
排序代码
配件类型
进货价 17374.4200
最大库存 0.00
最小库存 0.00
建档日期 2004.10.28
修改日期 2004.10.28
借出量 0.00
借进量 0.00
制造厂号
危险品号
允许系统自动调整本配件出库价格
零售价1 23377.28
零售价2
零售价3
零售价4
零售价5
基础车型大类 OTHERS
通用件
适用车型大类
车型价格查询(Q)
异常配件(Y)
更换代码(C)
新建(N)
删除(D)
修改(M)
打印(P)
预览(V)
退出(X)

图 9-15　配件信息管理系统界面

为了方便操作，需要把一些常见维修和保养使用的一组配件和对应数量定义一个配件

集，配件集在仓库中就是一个虚拟的配件。在出入库操作时，只要输入配件集代码，就会自动跳出其所包含的一组配件。其应用界面如图 9-16 所示。

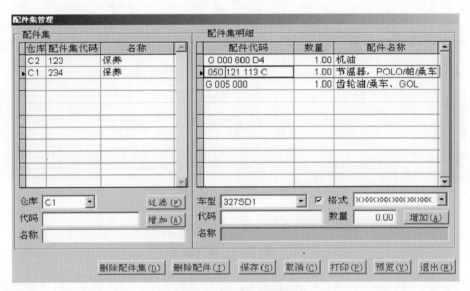

图 9-16　配件集功能示例

在系统中配件的成本价是按照加权平均计算出来的。由于某种原因（例如：异常配件），自动计算出来的成本价可能无法反映其真正的加权成本或市场行情，需要调整成本价，直接输入新成本价并按 [调整] 即可，如图 9-17 所示。

仓库	配件代码	配件名称	单位	库存量	成本价	库存金额	车型	仓位
C1	G 002 000 KA	总液压系统机油和动力转向/桑	PC	8.50	88.8700	755.3950	327SD1	AAA1-
C1	G 052 101 K2	压缩机润滑油/R12/普	PC	9.00	46.9400	422.4600	327SD1	
C1	039 133 201 E	进气支管总成			231.0000		327SD1	
C1	G 052 142 A2	聚氨-润滑脂	PC	1.00	227.8800	227.8800	327SD1	
C1	G 052 201 K2	压缩机润滑油/R134A	PC	4.00	65.9200	263.6800	327SD1	
C1	LZ 009 522 C	汽油添加剂/清洁型	PC	8.00	70.8000	566.4000	327SD1	
C1	G 000 600 A4	发动机油/JV/化油器	PC	21.00	37.3700	784.7700	327SD1	AAA1-
C1	G 000 600 D4	机油	桶	119.00	62.6500	7455.3500	327SE3	AAA1-
C1	B 000 700 A3	制动液/通用	PC	3.00	33.0100	99.0300	327SE3	AAA1-
C1	444 444 444 4	控制装置			21.0000		327SD1	
C1	8A0 407 181	橡胶金属-支座,桑车用	PC	1.00	3222.0000	3222.0000	327SE3	BBB2-
C1	4A0 615 301 C	制动盘(通风的)/帕	PC	2.00	508.2300	1016.4600	327SD1	KKK1-
C1	4A0 615 601 A	制动盘/帕	PC	2.00	347.5700	695.1400	327SD1	KKK1-

仓库 [ ]　配件代码 [ ]　　配件名称 [ ]

库存量 [ ]　目前成本价 [ ]　成本金额 [ ]　　调整价格 [0.00]

调整(T)　过滤(F)　退出(X)

图 9-17　配件成本价调整

在发料并且按 [确认] 后，该配件库存即被扣除。如果发现不需要此配件，则必须进行退料。双击需要退料的配件编号，将弹出退料窗口，输入数量，[确认] 退料即可，如图 9-18 所示。

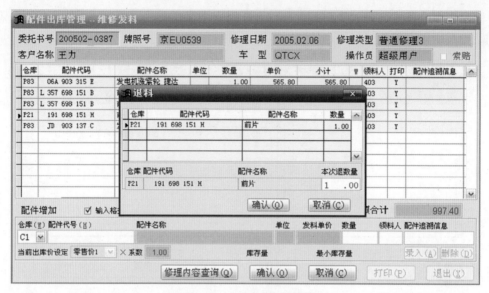

图 9-18　发料与退料管理

完成一次发料后，按［确认］按钮，可以保存该发料单，本次所发配件（背景颜色为白色的配件）随即从库存中扣除相应数量。保存发料单之后，可以按［打印］来打印发料单。打印时系统会根据领料人的不同自动分页打印。

配件销售分为修理销售（即同时有维修的销售单）和单独销售。修理销售和维修业务一起进行结算。如果配件销售单中有尚未入账的配件，该销售单将不能进行结算。配件销售管理页面如图 9-19 所示。

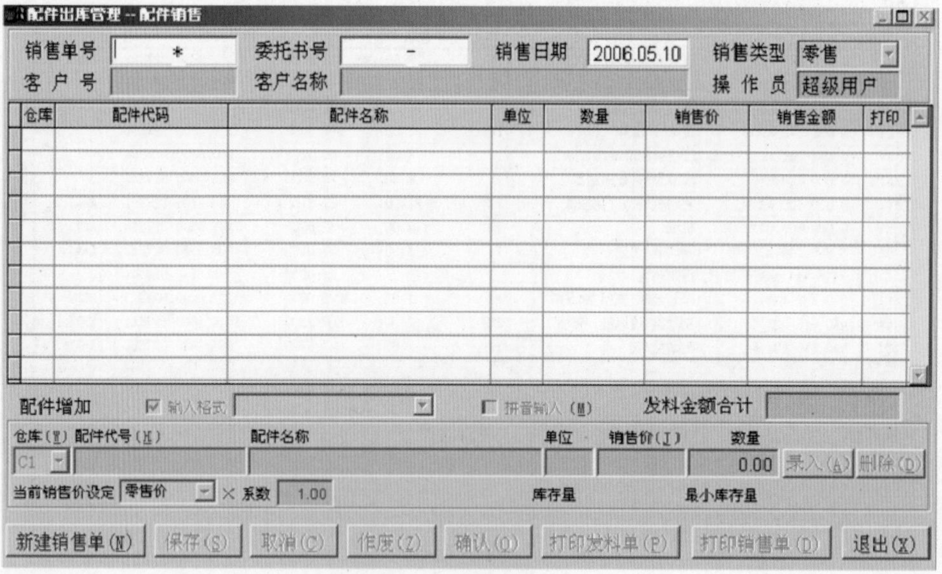

图 9-19　配件销售管理页面

对于通过正常订货途径得到的配件，如果在入库后发现所订货配件存在错件、质量缺陷或损坏等问题，利用该功能进行采购退货，如图 9-20 所示。

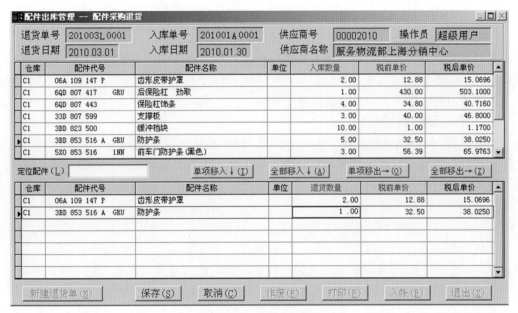

图 9-20　采购退货界面

除了上述功能外，一般的配件销售管理软件，还具有以下功能。

进货管理功能：进行配件采购入库、采购退货、进货单据和当前库存查询、与供货商的往来账务管理。

销售管理功能：进行配件销售、客户退货、销售单据和当前库存查询、与客户的往来账务管理。

汽车配件管理：包括库存之间配件调拨、配件的报损溢、配件不同包装的拆分与捆绑、强大的库存盘点功能、库存配件报警查询。

统计报表：完整的统计查询功能，每张单据、每次业务金额都可以清楚地反映。

日常管理：对供货商、客户、业务员综合管理。

基本设置：配件信息、供货商、客户、员工、仓库等基本参数的设置。

系统维护：可以对数据库备份/恢复，系统初始化，操作员修改密码，年终结算，查看日志。

9.2　配件销售技巧

9.2.1　配件销售语言技巧

（1）熟悉行业的专业知识

真诚地为客户服务，客户才会信任。通过各种方法，掌握产品的知识，发挥产品的优势。用自己的专业知识，为客户提供更好的增值服务。

（2）用简单的语言表达

与客户交流，就像拉家常一样，在潜移默化之中把产品的信息提供给客户，重复客户的话，做跟客户一样的动作，获得客户的认可，才能得到客户信任。客户的信任是无价之宝。

（3）持续地练习

任何能力的提升都离不开大量的训练。例如，学汽车驾驶，需要教练的指导，是由陌生到熟悉，逐渐掌握的；士兵平时都是在做训练，打仗的关键时刻才能少流血。话术的掌握是靠持续不断的练习，一点一点积累起来的。

（4）根据反馈持续改进

在讲话的过程中，观察客户的不同反应，根据结果的反馈进行改进。如果客户听了之后，没有任何反应，说明话术没有威力。如果客户摇头，说明话术有问题。如果客户点头，说明方向对了，再接再厉。根据客户的具体表现，对话术做出具体的调整，在反馈中持续改进。

营销人员在与顾客沟通时，时刻不要忘记自己的职业、身份。要知道与顾客争辩解决不了任何问题，只会招致顾客的反感。如果刻意地去和顾客发生激烈的争论，即使占了上风，赢得了胜利，把顾客驳得哑口无言、体无完肤、面红耳赤、无地自容，自己快活了、高兴了，但得到的是什么呢？是失去了顾客、丢掉了生意。

营销人员与顾客沟通时，要理解并尊重顾客的思想与观点，切不可采取质问的方式与顾客谈话。用质问或者审讯的口气与顾客谈话，是营销人员不懂礼貌的表现，是不尊重人的反映，是最伤害顾客的感情和自尊心的。记住，如果想要赢得顾客的青睐与赞赏，切忌质问！

营销人员在与顾客交谈时，展露一点微笑，态度和蔼一点，说话轻声一点，语气柔和一点，要用征询、协商或者请教的口气与顾客交流，切不可采取命令和批示的口吻与人交谈。永远记住一条——自己不是顾客的领导和上级，无权对顾客指手画脚、下命令或下指示。

9.2.2　配件销售服务技巧

对门店工作充满热情是对一名迈向成功的门店人员最基本的要求。即使其他的事件导致情绪不佳，但每次与顾客进行接触时，都应表现出笑容、热情与易于沟通。乐意使前来咨询的人从自己传授的知识和建议中获益。

抓住一切机会吸引顾客，销售的机会也不会单单出现在上班的时候，应该在更为广阔的时间和空间中从事工作。

做自己时间的主人，要做到今日事今日毕，尽量充分地利用晚上或午餐时间做一些对销售有补充的工作。

将自己当成顾客的顾问，门店人员的目的是让顾客接受自己的产品，最好的办法就是使自己成为顾客的顾问。因此必须掌握产品的最新资讯和流行趋势，使自己在知识方面更专业，从而受到顾客的尊敬和信任，这样一来，得到的成功的机会也将更多，可以引导客户的需求方向，能更好地把自己店里的产品推销出去。

不做空头承诺，要真诚地倾听顾客。在不了解顾客的真实想法和顾客对产品的疑虑时，千万要克制自己，不要多说，也不要做出任何说明与解释。应该耐心而真诚地向顾客提出利于引导顾客表明自己的需求的问题，并且对顾客的意见表示出真诚倾听的愿望和百答不厌的热情。

相信自己的服务，要对自己的产品充满信心，在明白顾客的需要或问题之后，应该始终站在顾客的立场上说明自己的产品适合顾客的理由，并且所做出的断言应与服务的情况保持一致。

成为门店服务的真正内行，能够对疑问和异见做出适当的回答，摒除对顾客的不同看法和猜疑，为顾客的切实利益着想并提供服务。

千万不要催促顾客的订单行为。切忌企图尽快完成销售而催促顾客做出决定，一旦顾客愿意坐下来交谈或者乐于咨询，这就已经表明顾客对产品产生了兴趣。但是，从兴趣到订单行为是需要一个过程的，要给予顾客充分思考和选择的时间，并在这段时间内通过自己的专业和努力促成顾客的订单。

9.2.3 配件营销理论知识

营销是个人与群体通过创造、通过与他人交换有价值的产品，来满足需要的一种社会与管理程序。营销管理是财货、服务及构想之产生、定价、促销、配送的规划与执行的过程，从而与目标群体进行交换并满足顾客与组织的目标。销售与营销观念的对比如图 9-21 所示。

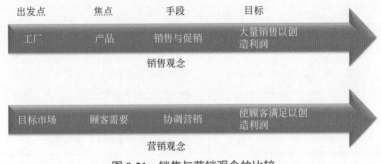

图 9-21 销售与营销观念的比较

图 9-22 所示的 7Ps 营销理论（the marketing theory of 7Ps）是在 1981 年布姆斯（Booms）和比特纳（Bitner）建议在传统市场营销理论 4Ps 的基础上增加三个"服务性的 P"得出的理论，三个"服务性的 P"即：人（people）、过程（process）、有形展示（physical evidence）。4P 与 7P 之间的差别主要体现在 7P 的后三个 P 上。从总体上来看，4P 侧重于早期营销对产品的关注，是实物营销的基础，而 7P 则侧重于后来所提倡的服务营销对于除了产品之外服务的关注，是服务营销的基础。4P 组合侧重于对产品的推销，而 7P 组合则侧重于对顾客的说服。4P 讲究"推"的营销策略，而 7P 则更加注重"拉"的营销策略。

1990 年，美国学者罗伯特·劳特朋（Robert Lauterborn）教授在其《4P 退休 4C 登场》中提出了与传统营销的 4P 理论相对应的 4C 营销理论，如表 9-1 所示。4C（customer、cost、convenience、communication）营销理论以消费者需求为导向，重新设定了市场营销组合的四个基本要素，瞄准消费者的需求和期望。4C 营销组合以客户为中心，从客户需求、成本、购买便利性和交流沟通的角度出发提供产品与服务，这与大规模定制营销不谋而合。

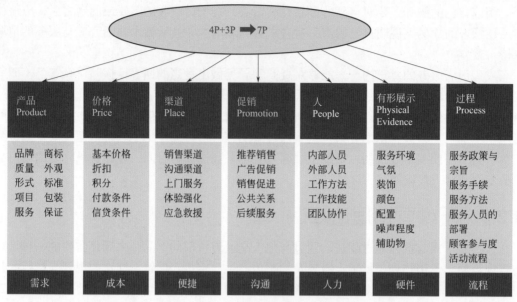

图 9-22　现代营销组成因素

表 9-1　营销 4C 内容

营销 4P	营销 4 C	营销 4 C 内容解释
产品 （product）	客户利益（customer benefit）	以顾客来看这个产品对他们是不是有效
价格（price）	客户取得成本（cost to customer）	以顾客来看这个价钱定得合不合理
地点（place）	便利性（convenience）	顾客是不是方便获得产品或服务
推动 （promote）	沟通（communication）	推动（promote）是单向性的，沟通（communication）才是双向性的，才能考虑到顾客的需要

　　市场细分是指营销者通过市场调研，依据消费者的需要和欲望、购买行为和购买习惯等方面的差异，把某一产品的市场整体划分为若干消费者群的市场分类过程。每一个消费者群就是一个细分市场，每一个细分市场都是具有类似需求倾向的消费者构成的群体。著名的市场营销学者麦卡锡提出应当把消费者看作一个特定的群体，称为目标市场。市场细分有利于明确目标市场，市场营销策略的应用有利于满足目标市场的需要。即：目标市场就是市场细分后，企业准备以相应的产品和服务满足其需要的一个或几个子市场。选择目标市场，明确企业应为哪一类用户服务、满足他们的哪一种需求，是企业在营销活动中的一项重要策略。

　　市场定位（market positioning）是 20 世纪 70 年代由美国学者阿尔·赖斯提出的一个重要营销学概念。所谓市场定位就是企业根据目标市场上同类产品竞争状况，针对顾客对该类产品某些特征或属性的重视程度，为本企业产品塑造强有力的、与众不同的鲜明个性，并将其形象生动地传递给顾客，求得顾客认同。市场定位的实质是使本企业与其他企业严格区分开来，使顾客明显感觉和认识到这种差别，从而在顾客心目中占有特殊的位置。

　　不断探寻客户的需求，抓住最后一个关键节点，争取获得客户的认可。但是不要急于求成，客户若是暂时不认可，也一定要专业、礼貌地完成交货环节，为客户留下一个良好的购物印象，便于日后和客户保持顺畅的联系，争取其他的销售机会。在了解客户商品使用情况的基础上，结合客户的需求做适度的产品推销，切忌盲目和过度推销。

　　图 9-23 所列出的服务顾客倾向主要是让读者认识到顾客各有不同。同时，顾客在不同的环节可能会表现出不同的特点。

主要顾客倾向	顾客特征与服务重点
情感关系导向型（注重人际交往）	■ 希望与服务顾问建立一种互相信任的长久关系 ■ 自己不了解或不想了解他的车做了哪些维修 ■ 这三类人中，情感关系导向型顾客最需要可信赖的、随时可以联系到的人提供售后服务
性价比导向型（注重价值）	■ 寻求物有所值，希望得到折扣 ■ 想了解或亲眼看见为他的车提供了哪些服务，主要是为了确保物有所值，哪怕不是物超所值 ■ 需要解释与成本相关的技术问题（"我们更换了油泵，这比维修它更便宜"）
时间效率导向型（注重便利性）	■ 对服务或维修的过程不在乎/不感兴趣 ■ 认为服务和维修影响了车辆的使用，不欢迎服务和维修 ■ 需要根据顾客的要求做出充分的准备和时间安排： a.尽量少花时间在经销商店里 b.尽量利用在经销商店里的时间（比如：上网）

图 9-23　不同类型顾客特性分析

　　研究消费行为所要解答的七个问题，如表 9-2 所示。

表 9-2　消费者行为 7O 构成

序号	问题	结果示例
1	市场由谁构成（Who）？（家庭主妇）	构成购买者的群（Occupants）（家中孩子）
2	购买何物（What）？（起居饮食必需品）	购买的目标产品（Objects）（经济实惠产品）
3	为何购买（Why）？（迎接佳节）	购买的目的（Objectives）（庆祝老太爷生日）
4	谁参与购买（With whom）？（家中主要成员）	采购组织的角色（Organization）（安排、联络、决策）
5	如何购买（How）？（电话、网页）	采购作业的程序（Operations）（网页参阅、电话定席）
6	何时购买（When）？（下班时间）	购买时机（Occasions）（促销优惠）
7	何处购买（Where）？（亲临拜访）	购买地点（Outlets）（方便、快捷、大家都知道）

采用说明 - 复述 - 解决（CPR）方法将有效地将顾客潜在的不满转化成欣喜的体验，如图 9-24 所示。请记住：即便顾客发表了一些完全错误或故意刁难的言语，也千万不要对顾客发脾气，而是通过提供答案让他们觉得他们的状况得到了改善。

C(说明)	P(复述)	R(解决)
▪ 顾客提出异议后，通过提问澄清顾客的观点。开放式的问题能帮助您进一步理解顾客的意见并表示出您对顾客的关心	▪ 在您完全理解顾客观点后，使用您自己的语言进行复述。通过这样的方式，让顾客听到从他人口中表述的他的观点，给他重新评估担忧事项的机会，并对其进行限定或确认。关键是确保我们不过分重复或使人厌烦	▪ 通过前述两个步骤获得时间及信息，您能更好地彻底解决顾客的异议

图 9-24　CPR 方法应用流程